꽁세미 가족

민정이와 민수의

304 일간의

세계일주

민정이와 민수의
304 일간의
세계일주

초판 인쇄일 _ 2007년 8월 28일 ● **초판 발행일** _ 2007년 8월 31일 ● **지은이** _ 김민정, 김민수
발행인 _ 박정모 ● **발행처** _ 도서출판 해지원 ● **주소** _ 서울시 동대문구 장안 1동 420-3호
전화 _ 영업부 02)2212-1227, 2213-1227 편집부 02)2249-7975 **팩스** _ 02)2247-1227
홈페이지 _ http://www.hyejiwon.co.kr ● **디자인, 본문편집** _ 지미숙 ● **표지디자인** _ 지미숙
영업마케팅 _ 김승헌, 김남권, 서지영, 고광수
ISBN _ 978-89-8379-519-9 ● **정가** _ 10,000원

공세미 가족

민정이와 민수의

304 일간의

세계일주

"세계일주를 다녀와서 가장 크게 달라진 게 뭐라고 생각해?"

세계일주 후 우리가 지금까지 가장 많이 받는 질문입니다.

우리는 약속이나 한 듯, "이젠 어디를 가도 당당하게 행동할 수 있는 자신감이 생겼고, 가족의 소중함을 다시 한번 깨달았습니다." 라고 대답합니다.

아빠가 1년 동안 세계일주를 떠나자고 했을 때 우린 고민이 많았습니다. 세계일주? 듣고 보니 멋진 말이긴 한데, 할아버지, 할머니와 친척들도 보고 싶을 것 같고, 공부를 쉬는 건 좋지만 성적이 떨어지면 어떡하지? 세계일주 동안에는 친구들도 못 만날 테고, 다녀온 후 동생들하고 공부하는 것도 썩 내키지 않았습니다.

하지만 한편으로는 가보고 싶다는 생각도 들었습니다.

교과서에 실린 사진으로만 보던 세계의 문화유산을 직접 볼 수 있고, 한 나라의 지리나 역사를 교과서를 통해 달달 외우는 것보다 그 나라를 직접 체험하며 이해하는 것이 더 중요하다고 생각했기 때문입니다.

우리는 세계일주를 하면서, 이 세상에는 우리가 생각하는 것보다 훨씬 많은 나라가 있다는 것을 알게 되었습니다. 또한 그들 각각의 문화가 독특하다는 것을 알았고, 이런 문화들 사이에 공통점이 있다는 것도 알게 되었습니다. 한국이 이 세상의 전부인 줄만 알았던, 말 그대로 우물 안 개구리였던 우리에게는 정말 큰 충격이었습니다.

이렇게 큰 세계를 돌며 푸른 눈의 사람들, 까만 피부의 사람들과 소통하는 법을 배우고 익히면서 우리도 모르게 부쩍 커버린 자신을 느낄 수 있었고, 점점 더 외국인과 활발하게 소통하는 우리들을 보면서 자신감이 생겼습니다.

세계일주를 다녀온 후, 우리에게는 굉장한 변화가 생겼습니다. 우리에게 세계일주란 세계의 문화를 체험하고 사람들을 만나는 것 이상의 것이었습니다.

인도의 기차역에서 수천 명의 인파속을 뚫고 지나가며 서로의 손을 꽉 쥐고 놓지 않았던 우리 가족, 킬리만자로 등반으로 낯선 아프리카에서 5박 6일의 긴 시간 동안 헤어져 있으며 가족의 소중함을 느꼈고, 서로에게 힘이 되어준 가족이 함께 했기에 우리의 여행은 가능했을 것입니다.

우리가 10개월 동안 세계일주를 하면서 경험했던 소중한 체험들을 모아 한 권의 책으로 엮었습니다. 세계일주 중에 꾸준히 기록했던 일기는 큰 도움이 되었습니다.

이 책을 통해 우리와 같은 또래의 중·고등학생들이 세계 여러 나라의 문화와 자연을 간접적으로나마 체험할 수 있게 되기를, 그리고 상상력을 자극해서 생활의 활력소가 되기를 기대해 봅니다.

엄마! 아빠!

우리에게 너무나도 값진 경험을 선물해 주셔서 감사합니다.

엄마, 아빠의 선물인 세계일주를 통해 또 다른 꿈을 품게 되었습니다.

온 가족이 힘께 했던 세계일주의 경험은 우리의 새로운 꿈을 향한 길 위에 든든한 후원자가 되리라 생각합니다. 그 길엔 항상 우리 가족이 함께 할 테니까요.

끈기를 가지고 성실하게 늘 최선을 다하는 사람이 되겠습니다.

엄마, 아빠. 사랑해요!

새로운 꿈을 향해 도전하는 민정이와 민수

공새미 가족은 그 동안 신문이나 TV를 통하여 사물놀이 가족으로 꽤 널리 알려져 있다. 이 가족이 보다 더 세간의 주목을 받게 된 것은 2004년 온 가족이 사물놀이를 공연하며 전 세계를 일주한 여행 때문이다. 세계여행 이후 가장인 김영기씨는 2006년 이를 정리한 '북치고 장구치며 떠난 공새미 가족의 세계여행'을 출간했다. 이 책이 세계여행에 대한 아빠의 책이라면, 이번에 새롭게 출간되는 책 '공새미 가족 민정이와 민수의 304일간의 세계일주'는 동일 여행에 대한 아이들의 책이다.

이 책에는 민정이와 민수의 외부 세계에 대한 호기심, 육체적 고통을 이겨낼 수 있는 정신력, 가족에 대한 사랑, 스스로 일을 꾸려나가는 자립심, 다른 문화와 사람들에 대한 열린 마음 등으로 가득 차 있다. 책을 읽다보면 마치 이 아이들이 실제 나이보다 10살은 더 성숙하게 느껴진다. 이는 학교 공부에 찌들어 나약해진 우리 사회의 청소년들을 떠올리게 하기 때문일 것이다.

공새미 가족이 이룬 결과를 보면 너무나 신기하고 놀라워 평범한 사람들에게는 도저히 가능한 일 같아 보이지 않는다. 그렇다고 공새미 가족의 주변 환경이 평범한 사람들보다 더 유리했을까? 공새미 가족의 환경은 우리와 똑같이 지극히 평범하다. 흔히 우리 사회에는 모든 사람이 존경할 만한 사람을 찾기 힘들다고 한다. 하지만 존경의 대상이 꼭 대단한 업적을 이룬 사람들이어야 할 필요는 없다. 어쩌면 공새미 가족처럼 평범한 환경에서 치열하지만 조화롭게 자기의 꿈을 소중히 실천하는 사람들이 진정 존경의 대상이 될 때 우리 사회가 보다 건강해질 것이다.

2007년 8월
홍용철 (성신여자대학교 불어불문학과 교수)

　'공새미 가족 민정이와 민수의 304일간의 세계일주'는 청소년들이 가져야 하는 호연지기(浩然之氣)와 넓은 안목(眼目)을 동시에 갖게 하는 생생한 체험의 기록이다. 특히 킬리만자로를 등산하는 민정이의 모습에서, 학력지상주의에 길들여지고 있는 우리 청소년들의 안타까운 현실에 시사하는 바가 큰 의미 있는 도전(挑戰)이란 생각이 들었다.

　미래의 사회는 한 분야에 대한 전문적인 지식보다 다양한 정보를 조합하고 창조하는 다기능 시대이다. 그래서 청소년의 성장기에는 정규교육과정에서 인정하는 교과목을 충실히 습득하는 것도 필요하지만 다양한 계열(系列)의 독서활동을 통한 간접 체험이나 민정이처럼 세계 곳곳의 풍속과 문화를 직접 체험하여 학습활동의 공간을 넓히는 것도 좋은 방법이다. 왜냐하면, 다양한 정보 속에 다양한 창의력과 상상력이 생기게 되고, 이것이 미래 사회 적응과 지도자로서의 원동력이 되기 때문이다.

　민정이와 동생 민수가 1년여 동안 걷고 땀흘리며 기록한 '공새미 가족 민정이와 민수의 304일간의 세계일주'는 우리 청소년들에게 삶의 공간을 확대시켜주는 동시에 소중한 간접체험의 장(場)이 되리라 믿는다.

2007년 8월
대진여자고등학교 교장 윤대용

　김민수는 우리 학교의 학생회장이다. 민수는 호기심이 많고 공부도 잘할 뿐만 아니라 또래 친구들을 이해하고 잘 이끌어주는 리더십이 강한 학생이다.

　민수 가족의 세계일주 여행을 담은 책이 '북치고 장구치며 떠난 공새미 가족의 세계여행'이란 이름으로 이미 시중에 나와 이미 큰 반향을 일으키고 있다. 이것은 민수 아버지가 쓴 세계여행기이다.

　이번에 나온 '공새미 가족 민정이와 민수의 304일간의 세계일주'는 공새미 가족의 일원으로 세계일주를 다녀온 민수와 누나인 민정이가 중학생과 고등학생의 시각으로 본 여행기이다. 이 책은 공새미 가족의 또 다른 세계여행기인 셈이다.

　세계일주란 아무나 쉽게 경험할 수 있는 일이 아니다. 더구나 민수 가족은 단순히 여행을 다녀온 것이 아니라 분명한 목표를 가지고, 여행 전 철저한 사전 준비를 하였고, 가족애를 발휘하여 현지에서의 어려움을 슬기롭게 극복하였다.

　민수 남매의 시각으로 본 세계일주 여행의 진한 체험이 담긴 이 책은 색다른 감동을 준다. 흔히 접할 수 없는 여러 나라의 사진 자료와 함께 쉽고 재미있게 전개되는 세계여행 이야기는 마치 자신이 이야기의 주인공인 듯 상황에 몰입하게 만든다. 특히, 중간 중간 현지인들과의 대화는 영어를 병기함으로써 학습 효과도 기대할 수 있게 해 주었다.

　글로벌 시대에 자신의 경쟁력을 높이기 위한 유효한 수단 중의 하나가 여행을 통한 체험 학습이다. 자, 일상의 일을 잠시 멈추고 민수와 함께 세계일주 여행을 떠나보자.

2007년 8월
한천중학교장 윤연상

자신의 정체성을 잃지 않는 것도 중요하지만,
상대방의 문화를 존중해 주는 것이
여행하는 자의 기본적인 마음자세다.

Contents_

01_마살라 신고식_인도

18

02_신들의 땅 바라나시_인도

24

03_세계 최고의 산수화
구이린 이강_중국

30

04_뿌야오 샹차이_중국

36

05_원시부족 마을, 레세디 문화촌
_남아프리카 공화국

42

06_잊을 수 없는
감동의 날_보츠와나
48

07_가도 가도 끝없는 대륙,
　50시간 기차여행_잠비아

54

08_동물의 왕국
　세렝게티 초원_탄자니아

60

09_지상 최대의 분화구,
　응고롱고로_탄자니아

66

10_킬리만자로 등반기1_탄자니아

72

11_킬리만자로 등반기2_탄자니아

78

12_킬리만자로 등반기3_탄자니아

84

13_아웃 오브 아프리카와
　기린센터_케냐

90

14_런던에서 만난 해리포터_영국

15_언덕 위의 도시
아크로폴리스_그리스

16_시제 현대 미술제
_프랑스

17_알프스 소녀 하이디_스위스

18_분단의 상처가 아물지 않은
베를린_독일

19_인류 문화의 보고, 바티칸 박물관
_바티칸 시국

20_모차르트를 찾아서_오스트리아

21_세계 7대 불가사의
피라미드_이집트

22_카이로의 낮과 밤_이집트

23_술탄아흐멧
광장에서의 공연_터키

24_신비한 자연_터키

25_세계의 청소년들이 꿈꾸는
하버드 대학_미국

27_존슨 오빠를 찾아서_캐나다

26_독립의 근원지,
　　필라델피아_미국

28_내 생애 최고의 생일파티
　　　　　_멕시코

29_태양의 나라,
　　태양 피라미드_멕시코

30_아름다운 적도의 나라
　　　　　_에콰도르

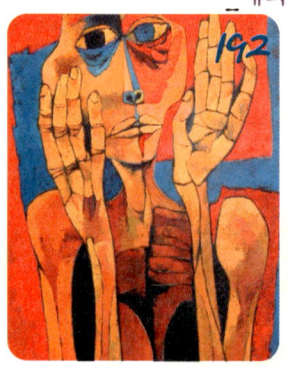

31_해의 길, 적도 위에 서다!
　　　　　_에콰도르

32_잉카 제국의 혼_페루

204

33_남미의 알프스,
파이네 국립공원_칠레

210

34_천지를 진동하는 굉음,
이과수 폭포_아르헨티나

216

35_삼바와 사물놀이의
완벽한 화음_브라질

222

36_키위? 키위! 키위_뉴질랜드

228

37_한여름의 크리스마스
_오스트레일리아

234

세계일주는 우리에게
마음을 열고 사람들을 사랑하며
모든 일에 감사하는 마음을 주었다.

공새미 가족

민정이와 민수의
304 일간의
세계일주

마살라 신고식 _ 인도

"주먹을 꽉 쥔 손으로는 악수할 수 없다." 인도 건국의 아버지
인 간디의 말인데요, 여러 종교간의 분쟁이 끝이지 않는 인도
인들에게 마음을 열고 화해를 하라는 의미가 담겨 있습니다.
지금까지도 간디는 인도의 정신적 지주로 10억 인도인의 가슴
속에 살아있습니다.

- ● 위치 : 남부 아시아
- ● 수도 : 뉴델리(New Delhi)
- ● 언어 : 힌디어(제공용어) 영어(제2공용어)
- ● 면적 : 316만 6414㎢
- ● 인구 : 11억 3백만 명(2005년 추정)

무굴제국 시대의 수도였던
델리의 레드포트

**첫** 번째 여행지 인도는 어떤 곳일까? 설레는 마음으로 2004년 2월의 마지막 날, 세계일주의 첫 번째 여행지인 인도로 향했습니다. 우리가 탄 비행기에는 개인 TV도 있고, 게임도 할 수 있어서 지루하지 않게 여행할 수 있었습니다. 스튜어디스가 점심식사로 무엇을 먹을지 물었습니다.

"May I take your order?" (무엇을 드릴까요?)

"Just a moment, please." (잠깐만요.)

"민수야, 우리 인도 음식을 먹어 보는 게 어때? 인도는 카레가 유명하잖아. 음식 맛이 어떨지 정말 궁금하거든." 내 결정에 민수도 고개를 끄덕입니다.

"Are you guys ready?" (결정했어요?)

"Two vegetarian meals, please." (채식주의자용 식사 2개요.)

"Here you are." (여기 있습니다.)

"Thank you." (감사합니다.)

"Let's try Indian food!" (어디 인도 음식을 한번 먹어볼까?) 나는 시식을 하기 위해 포크를 꺼내 들고 크게 한입 떠서 입에 넣었습니다.

"음…… 으악! 이게 뭐야?"

잔뜩 기대를 가지고 먹은 요리에 나는 비위가 확 상했습니다.

승무원이 "Is there any problems?" (무엇을 도와드릴까요?)하며 달려왔습니다.

"Why? Does it taste bad?" (누나, 왜? 맛이 없어?)

"맛이 이상해. 태어나서 이런 맛은 처음이야."

"웬 호들갑이람……. 앗! 이게 무슨 맛이야!" 호기심 강하고 가리는 음식이 없는 민수도 별 수 없었던 모양입니다. 나중에 인도에 도착해서야 우리가 먹은 vegetarian meals에는 인도 특유의 향신료가 잔뜩 들어 있었다는 것을 알게 되었습니다. 이렇게 인도 행 비행기 안에서 민수와 나는 마살라 신고식을 호되게 치렀습니다.

드디어 첫 여행지인 인도 델리에 민수와 함께 무사히 도착했지만, 서울에

델리의 상징인 인디아 게이트

서 출발할 때 입었던 겨울옷은 짐이 되었습니다. 델리 공항은 무척 더웠고, 윙윙거리며 달려드는 모기들은 짜증을 더했습니다. 입국 수속의 모든 업무가 수작업에 가까워 우린 두 시간이 훨씬 지나서야 수속을 마치고 인디라 간디 국제 공항(Indira Gandhi International Airport)을 빠져 나올 수 있었습니다.

숙소로 향하는 차 안에서 본 바깥은 칠흑 같은 어둠 속에 희미한 가로등 불빛이 전부였습니다. 그러나 다음 날 맞이한 인도의 첫 모습은 민수와 내게 큰 혼란을 안겨 주었습니다. 도로의 무질서함과 도로 중앙에 서 있는 말라빠진 소들, 가난이 온 몸에 밴 난민들, 낡은 버스에 매달린 위험해 보이는 사람들, 오토릭샤와 사이클릭샤, 백미러가 없는 자동차들, 지나가는 택시에서 커다랗게 흘러나오는 인도의 음악, 거리 곳곳에서 크게 떠드는 상인들, 무단 횡단하는 사람들을 향해 수없이 울리는 클랙션 소리로 귀가 아프고 정신이 멍해졌습니다.

"Minsoo! This is really confusing. I'm going to lose my mind."(민수야, 정말 복잡하다. 정신이 없어.)

"누나, 인도 사람들 정말 신기하지 않아? 이렇게 복잡한데 어떻게 살지?"

민수와 나는 지금까지 우리가 얼마나 정돈되고 편안한 곳에서 생활해 왔는지 실감할 수 있었습니다.

델리는 도로를 사이에 두고 올드델리(Old Delhi)와 뉴델리(New Delhi)로 나뉩니다.

"민수야, 뉴델리는 현대적인 걸? 전원도시 같은 느낌이야. 저 넓은 잔디 좀 봐. 도로도 넓고 가로수도 무성해. 이곳은 서울과 다르지 않은데." 델리 최고의 상업 중심지인 코넛 플레이스(Caunught Place)와 잔빠트(Jan

델리에 있는 힌두사원

Path)도 뉴델리에 있습니다.

잔빠트는 인도의 전통 민예품을 파는 노점상이 많은 곳입니다.

"Where are you from?" (어느 나라에서 왔어?)

많은 사람들을 뚫고 검게 그을린 얼굴에 곱슬머리, 허름한 옷을 입은 민수 또래의 소년이 다가와 하얀 이를 드러내어 웃으며 우리에게 말을 겁니다.

"We're from Korea." (한국에서.)

"South or north?" (남쪽이야, 북쪽이야?)

"South." (남쪽.)

"Oh! I know LG." (어! 나 LG 아는데.)

"Really?" (정말?)

계속 말을 붙이며 귀찮게 따라다닙니다. 돈이나 먹을 것을 원하는 것인데, 어제 한 아이에게 초콜릿을 주었다가 수십 명에게 에워싸여 난처했던 일 때

인도 델리 대학교에서의 첫 공연

레드포트에서 아빠와 함께

문에 아무 대꾸도 않고 서둘러 걸었습니다.

숙소에 돌아와 침대 위에 가방을 던지고 침대 끝에 앉았습니다. 아직도 귀에서 소음이 가시지 않습니다. 화장실에 들어가 얼굴을 씻고 거울 속에 비친 얼굴을 보았습니다. 머리에 묻은 물방울들이 코끝을 타고 또르르 굴러 떨어집니다.

여행을 떠나기 전 비눗기가 없는지 확인하며 머리를 빗기 위해 보았던 얼굴이 인도에서 보니 다른 사람처럼 느껴집니다. 나와 다른 언어로 말하는 사람들과 함께 거리를 걷고 밥을 먹고 그 사람들 가운데 낯선 사람으로 지낸다는 것은 불편함과 긴장의 연속이었습니다.

화장실 사용 후 변기통 주변을 살펴보니 물 내리는 곳이 없습니다. 뚜껑을 닫고 바닥도 살피고, 변기통 중앙의 둥근 버튼도 눌러 보았지만 물은 내려가지 않았습니다. 곰곰이 생각하다 변기통 중앙의 둥근 버튼을 위로 당겨보니 그제야 물소리가 났습니다. '아! 이거였구나.' 반가운 마음으로 버튼을 10cm정도 더 잡아당기니 물이 내려갑니다.

인도에 오면 누구나 철학자가 된다고 합니다. 침대에 누워 눈을 감고 생각해 보니 무척 긴 하루였습니다.

"Minsoo! Good night!" (민수야! 잘 자!)

대답이 없는 걸 보니, 아마도 민수 역시 길고 긴 하루를 보내고 깊은 잠에 빠진 모양입니다.

02

신들의 땅 바라나시 _ 인도

- 위치 : 남부 아시아
- 수도 : 뉴델리(New Delhi)
- 언어 : 힌디어(제1공용어) 영어(제2공용어)
- 면적 : 316만 6414㎢
- 인구 : 11억 3백만 명(2005년 추정)

"**앗,** 아빠 조심해요! 앞에 소똥이 있어요!" 아침 식사를 하려고 골목길을 걸어가다가 아빠 앞에 있던 소똥을 보고 내가 소리쳤습니다.

"헉! 또 밟을 뻔 했네." 아빠가 소똥을 피하며 한마디 합니다. 사실 바라나시에서 소똥을 밟지 않고 피해 다닌다는 것은 정말 어려운 일입니다. 어제는 민수가 맛있는 포도를 사 오다가 소똥에 미끄러져서 손에 들고 있던 포도를 길바닥에 내동댕이친 일도 있었습니다.

"Welcome to Friends Guest House!" (프렌즈 게스트 하우스에 오신 걸 환영합니다!)

바라나시의 프렌즈 게스트 하우스에 '라자' 라는 이름을 가진 아주 친절한 아저씨가 활짝 웃는 얼굴로 우리 가족을 맞아 주었습니다.

"Do you have any available family room?" (가족 룸 있어요?)

바라나시의 석양

"For how many people?" (가족이 몇 명이에요?)

"Five people." (5명이요.)

"O.K, We have a large room, follow me." (예, 큰방 하나 있습니다. 따라오세요.)

게스트 하우스에서 지내는 동안 우리 가족은 꼭대기에 있는 방을 사용했습니다. 아침마다 옥상에 올라가 갠지스 강의 일출을 볼 수 있었고, 저녁에는 아름다운 일몰도 감상할 수 있었습니다. 일출, 일몰 시에 노을의 색은 정말 아름다워서 '우와~!' 하는 탄성이 절로 나왔습니다.

라자 아저씨는 언제나 웃는 얼굴에 정이 많았고, 우리 가족에게 친절했습니다.

어느 날 라자 아저씨가 인도 정식인 짜파티를 만들어 먹으라고 가져왔습니다.

"This is Indian traditional food, zzapati." (인도 전통음식인 짜파티예요.)

인도 전통음식 짜파티는 밀가루 반죽을 얇게 펴서 화덕에 구워 카레에 찍어 먹는데, 인도에서 먹어본 음식 중에 가장 우리 입맛에 맞았습니다.

우리는 배를 타고 갠지스 강을 돌며 일출을 감상했습니다. 갠지스 강을 인도 사람들은 '강가' 라고 하는데, 갠지스 강물에 목욕재개하면 모든 죄를 면할 수 있으며, 죽은 뒤에 이 강물에 뼛가루를 흘려보내면 극락에 갈 수 있다고 믿고 있습니다.

동이 트는 아침이면 갠지스 강에서 목욕을 하는 인도 사람들의 모습을 많이 볼 수 있습니다. 인도 사람들은 이 강을 살아있는 신이라고 생각하기 때문에 꽃받침에 촛불을 켠 후 강물에 띄우고 소원을 빌기도 합니다.

나와 아빠도 촛불을 켜서 강물에 띄워 보내며 우리 가족이 무사히 세계일주를 마칠 수 있도록 마음속으로 빌었습니다.

꽃불을 띄우면서 강에 손을 담그니 생각보다 따뜻하고, 마음까지 포근해집니다. 밤이 되면 매일 갠지스 강 신에게 예배를 드리는 '푸자' 의식이 행해

갠지스 강에서
소원을 비는 나와 아빠

지는데, 커다란 인도 음악과 함께 예배승들이 강에 꽃을 띄우고, 촛대에 불을 밝히고 기도드리는 모습은 장관을 연출합니다.

특이한 인도 문화로는 화장을 들 수 있는데, 갠지스 강 옆에서는 시신을 불태우는 광경을 자주 볼 수 있습니다. 무척 충격적이었던 건 화장을 하기 전에 죽은 사람의 가족들이 관과 함께, 그것도 웃으면서 사진을 찍는 것이 아니겠습니까? 한국에서 이런 광경을 봤으면 기겁을 했겠지만, 인도에서는 흔히 볼 수 있는 광경입니다. 인도 사람들은 죽은 후에 화장을 해서 갠지스 강에 뿌려지는 것을 최대의 행복으로 생각하기 때문에, 하루에도 수많은 사람들을 화장하는 연기가 하늘로 오르는 것을 볼 수 있습니다.

우리는 강가 근처를 걷다가 노란 천으로 덮인 시체가 바닥에 반듯이 누워 있고, 그 앞에는 꽃과 동전들이 많이 떨어져 있는 것을 보았습니다.

나중에 알고 보니, 돌아가신 할머니를 화장하는데 필요한 장작을 살 돈이 없어서 장작 살 돈을 모금하고 있었던 것이었습니다. 강가에서 그런 시체들을 자주 볼 수 있었습니다.

갠지스 강에서 나와 숙소로 가는 길에는 재래시장이 있는데, 과일이 먹고 싶어 아빠를 졸라 청포도를 샀습니다. 우리나라 돈 700원에 비닐 봉지 한가득 청포도를 채워 넣어 주는데, 정말 푸짐했습니다.

숙소로 돌아와 맛을 봤는데, 우와!!! 씨도 없고 달콤하고 껍질째로 먹는 편리함까지! 그때 먹었던 청포도 맛은 아직도 잊을 수가 없습니다.

우리는 한국음식이 먹고 싶어서 바라나시 골목에 있는 한국음식을 하는 식당을 찾아갔는데, 식당의 맘 좋아 보이는 친절한 인도 할아버지는 라면도 맛있고, 김치볶음밥도 맛있다며 몇 가지 메뉴를 추천해 주었습니다.

하지만 행주인지 걸레인지 모를 누더기 땟물이 흐르는 천으로 7~8세쯤 되어 보이는 사내아이가 테이블 위를 닦는 모습에 민수와 난 불결해 보여 인상을 찌푸리며 서로를 보고 할 말을 잃고 말았습니다. 할아버지는 기다리는 동안 적으라며 방명록을 건네주었는데 방명록을 받아 펼쳐보니 반가운 한글도 있었습니다. 여행 정보와 맛있는 음식집을 소개하고 있는 내용이었습니다. 잠시 후 나온 김치는 단무지에 고춧가루와 인도 향신료인 마살라를 뿌려 놓아서 도저히 먹을 수가 없었습니다.

"민수야! 조그만 식당들이 즐비한 바라나시 뒷골목은 전 세계에서 미로 같기로 유명한 곳이야. 겨우 한 사람이 지나갈 정도로 골목의 폭도 좁고, 길가에 난 문들도 무척 작아. 골목들은 엉킨 실타래처럼 이리저리 엇갈려 있어서 한 달을 이 곳에 살아도 방향을 가늠하기 어렵다고 해." 길바닥에는 소똥을 비롯한 온갖 오물들이 널려있어서 심한 냄새로 처음에는 참기 어려웠습니다.

우리는 3~4일 머물기도 힘들었는데, 그곳에서 몇 달씩 머물고 있는 서양 여행객을 많이 만날 수 있었습니다. 여행객들은 지금까지 여행을 많이 다녀 보았지만 인도만큼 인상이 깊은 여행지가 없었다며 앞으로도 몇 달을 더 머무를 생각이라고 합니다.

나도 이곳에 오래 머물다보면 인도가 좋아질까요?

민정

갠지스강을 경배하는
푸자의식 중

인도인들이 가장 많이 사용하는
교통수단인 오토릭샤

갠지스강 화장터 모습

03.

세계 최고의 산수화
구이린 이강 _중국

여러분은 '중국'하면 무엇이 떠오르나요? 만리장성? 세계에서
가장 많은 인구? 천안문? 유교? 오랜 역사?
네! 이런 것들이 떠오를 것입니다. 세계 인구의 1/5 가량을 차
지하고, 4대 고대문명의 발생지 중 하나인 황하문명이 꽃피었
던 나라, 그리고 다시 한번 세계의 중심국가가 되기 위해 역동
적으로 움직이는 나라가 바로 중국입니다.

● 위치 : 아시아 동부
● 수도 : 베이징(Beijing)
● 언어 : 중국어
● 면적 : 957만 2900㎢
● 인구 : 13억 1천 600만 명(2006년 추정)

구이린 이강 전경

"**내**"일 이강 투어 신청하러 가려는데 같이 갈 사람?" 하고 아빠가 우리에게 물었습니다. 사실 숙소에 있으면 쉴 수는 있지만 워낙 돌아다니는 걸 좋아하는 누나와 나는 당연히 "네!"하며 따라 나섰습니다. 엄마와 현정이는 힘들어해서 숙소에 머무르기로 했습니다.

사실 우리 숙소에도 여행사가 있었지만 조금 더 싼 곳을 찾고 있었기 때문에, 구이린 시내 구경도 할 겸 숙소 밖으로 나왔습니다.

구이린 시내는 중국의 다른 도시와 마찬가지로 황사가 날려서 뿌옇습니다. 복잡한 6차선 도로를 건너니 이강의 사진들이 큼지막한 포스터로 인쇄되어 빼곡히 붙어 있는 여행사들이 줄지어 있습니다.

그중 한 여행사를 골라 안으로 들어서니 깔끔한 옷차림의 직원이 "Welcome!" 하고 인사를 하며 우리를 맞습니다. 다행히 영어를 쓸 줄 아는 직원이 있어서 생각보다 쉽게 투어를 신청할 수 있었습니다.

"We have a tour package that departs at eight o'clock tomorrow morning. Will you take it?" (내일 아침 8시에 이곳을 출발하는 투어가 있습니다. 그걸로 가시겠어요?)

"Time is ok, but how much is it?" (시간은 괜찮습니다만, 가격은 얼마죠?)

"It's five hundred and fifty yuan per person, but we will do five hundred yuan per person." (550위안인데, 500위안에 해 드리겠습니다.)

아빠는 얼굴을 찡그리며, "500위안이나? 이 가이드북에는 460위안이라고 되어있는걸요?"라고 되묻자, "아…… 그건, 우리 여행사에서는 저…… 점심식사를 고급으로 드린답니다."라며 대답합니다.

"점심식사요? 음…… 저희는 지금 세계일주 중이라 최소한의 가격으로 다니려고 합니다. 뭐 저희도 그 가격에는 무리이군요. 그럼 다른 곳을 알아보도록 하겠습니다."

중국 누나들과 함께

이강을 유람하면서

구이린을 떠나는 날은
비가 내렸다.

우리에게 자리를 양보한
중국인 교수

"자! 잠깐만요! 좋습니다. 460위안에 해 드리지요."

"460위안이요? 음…… 저희 가족이 5명인데 조금 싸게 안 됩니까? 아이도
있고 해서……."

결국 좀 더 할인을 받고 흥정을 끝냈습니다.

"8시까지 꼭 오셔야 합니다! 늦으시면 절대 안 돼요!" 여행사 직원의 계속
되는 당부를 뒤로하고 숙소로 발걸음을 옮겼습니다.

밤새 천둥과 번개, 거센 빗소리에 모처럼 기회를 얻은 이강의 절경을 볼
수 없으면 어쩌나 걱정이 되었습니다.

다음날 아침 8시에 여행사 앞에 도착해 보니 미니버스 한 대가 와 있었습
니다. 날씨가 잔뜩 찌푸려 있긴 했지만, 비가 오지 않아 다행이었습니다. 이
강 유람을 시작하는 竹江(쥬쟝) 부두에 도착해 유람선에 올랐습니다.

"어? 자리가 떨어져 있잖아?"

엄마가 먼저 자리를 찾았는데 실망한 목소리로 말했습니다.

"You seem like a family. Do you want to change seats?"
(저…… 가족인 것 같은데 자리 바꿔 드릴까요?)

"Really? Thank you so much." (정말요? 감사합니다!)

자리를 바꿔주신 분은, 영국 대학에서 강의를 하고 있는 중국인 교수였습
니다. 아빠와 그 중국인 교수는 영어로 한참 동안 이야기를 나누었습니다.

배가 미끄러지듯 천천히 출발한 후 약 30분 정도 흘렀을까요?

배에서 나오는 식사를 하고 있는데, 안내 방송이 들리더니 곧바로 영어로 한 번 더 나옵니다.

"여러분, 앞에 보시면 구마화산이 있습니다. 아홉 마리의 말이 그려져 있다고 해서 구마화산이라는 이름을 가지게 되었지요."

방송이 나오자마자 사람들은 식사를 멈추고 모두 우르르 갑판 위로 몰려나가 우리도 따라나갔는데, 나가자마자 우리 앞에 펼쳐진 멋진 풍경에 "와! 와!"하는 탄성을 지를 수 밖에 없었습니다.

끝없이 이어지는 좌, 우의 산들, 아주 웅장하게 우뚝 우뚝 솟아있는 봉우리 사이로 강이 S자로 유유히 흐르고 있었습니다. 유람선이 이강을 굽이 돌 때마다 기이한 봉우리들이 쉴 새 없이 나타나 마치 동양화 속에 빠져든 느낌이 들었습니다.

배를 타고 갑판 위에서 불어오는 바람을 느끼며 강의 경치를 감상하는 그 느낌이란! 신선이 따로 없었습니다.

아빠와 나는 한 장면도 놓칠 수 없어 사진기로 찰칵찰칵 순간포착을 하고, 엄마는 그 짧은 순간에 종이에 스케치를 합니다. 누나도 놓칠세라 비디오카메라를 꺼내들고 찍기 시작했습니다.

살짝 안개가 껴있어서 더욱 신비로운 느낌이었는데, 그대로의 모습을 카메라에 담을 수 없다는 게 너무 아쉬울 뿐입니다.

가도 가도 끝이 없을 것만 같던 산봉우리들도 3시간 정도 유람선을 타고 가다보니 끝이 보이기 시작했습니다.

유람선의 종점인 양슈어에 배를 내려 돌아온 길을 몇 번이나 아쉽게 바라보았습니다. 역시 천하 제일의 절경 구이린입니다.

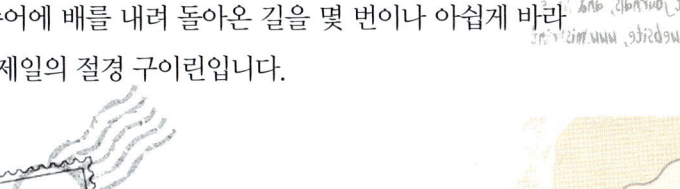

04.
뿌야오 샹차이 _중국

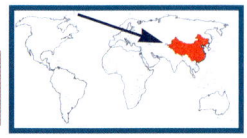

● 위치 : 아시아 동부
● 수도 : 베이징(Beijing)
● 언어 : 중국어
● 면적 : 957만 2900㎢
● 인구 : 13억 1천 600만 명(2006년 추정)

 러분은 혹시 '뿌야오 샹차이'라는 중국어의 뜻을 아시
나요? 우리는 중국을 여행하면서 식당에 갈 때마다 이
단어를 끊임없이 사용해야만 했습니다. '샹차이는 필요
없어요'라는 뜻인데, 음식을 만들 때 '샹차이'를 넣지 말아 달라는 의미입니
다. 도대체 '샹차이'가 뭐길래…….

'샹차이'는 인도의 마살라처럼 중국 사람들이 좋아하는 미나리처럼 생긴
향신료인데, 샹차이를 먹을 때 나는 이상한 세제냄새 때문에 며칠 동안 입맛
을 잃었습니다. 나뿐만 아니라 우리 가족 모두 샹차이 맛에 질려 어느 식당
에 가든 음식을 시킬 때는 "뿌야오 샹차이!"를 외쳤습니다. 거의 모든 중국
음식에 샹차이가 들어간다고 보면 되는데, 깜박 잊고 이 말을 빼먹었다가는
밥 먹는 일이 쉽지 않았습니다.

중국 음식에 기름이 많은 것은 아시죠?

우리는 중국식 호떡을 주문했는데, 안에는 잡채 같은 것이 들어있어서 입
맛에 딱일 것 같았습니다. 그러나 한입 베어 물고 옆으로 기울이니 기름이
주르륵 흐르는 것이, 중국 음식이 어찌나 기름지던지 살기 위해, 즉 생존을
위해 먹는 것이라고 해야 맞는 말일 겁니다.

중국 여행도 중반에 접어들 무렵 우리는 중국에서 가장 역사가 깊은 도시
중 하나인 시안에 도착했습니다. 시안하면 빼놓을 수 없는 관광지가 하나 있
죠? 네, 바로 병마용입니다.

"우와!! 이게 바로 말로만 듣던 병마용!!!" 병마용의 첫 번째 갱에 들어가는
순간 나도 모르게 큰 소리를 질렀습니다.

홍콩에서의 아침식사

병마용

"이야~, 정말 대단한데? 교과서 사진이랑은 완전 다른 분위기야!" 누나도 감탄을 합니다.

"민수야! 저기 표정 좀 봐! 모두 살아 있는 거 같지 않니? 한 명, 한 명 표정이 다 다르지?" 엄마도 흥분이 됐나 봅니다. 우리 모두는 자리를 뜰 수가 없었습니다.

"병마용은 기원전 200년경에 진나라의 황제인 진시황시대에 만든 것인데, 1974년에 한 농부가 우물을 파다가 발견했다고 해. 이 병마용은 도기로 만들어졌어. 사람 실물만한 크기의 도기 인형이 무려 7000여 점이나 되지. 그리고 처음 만들어졌을 당시에는 모두 다 채색까지 되어 있어서 지금보다 훨씬 더 진짜 사람처럼 보였을 거야. 아직도 왜 이걸 만들었는지 정확하게 모르지만 진시황이 죽었을 때 지하에서 진시황을 호위하기 위해서 만들었다

는 설이 유력해. 어쨌든 이 병마용 덕분에 진시황 당시의 군인들의 의복이나 무기 등의 모습을 오늘날 정확하게 알 수 있게 됐지. 저 병마용 사람들의 머리를 좀 봐. 한 방향으로 틀어 올린 것을 볼 수 있지? 전쟁 중에 머리카락이 날려 방해하지 않도록 한 거래." 아빠의 긴 설명이 끝났습니다.

1호 갱에 이어서 2,3호 갱을 모두 돌아보았습니다. 앞으로 더 많은 갱이 발견될지 아무도 모릅니다. 지금 발견된 이 병마용도 2000여 년 동안이나 지하에서 묻혀 있었습니다.

시안은 오래된 도시라 볼 것이 너무 많았습니다.

다음날 우리 가족은 비림을 보러 갔습니다. 비림이란 곳은 한자로 하면 '비석의 숲'을 말하는데, 비림 안에는 약 1000여 개의 비석이 있었습니다. 글씨체가 다양하고, 글자 하나 하나에 온 정성을 다해 새긴, 마치 살아있는

비림에서 탁본을 뜨는 사람

시안 시내 모습

BE.

글씨처럼 천하 명필이 따로 없었습니다.

"와! 내 한자 서예교본에 비석을 탁본한 것이 있는데, 바로 그 비석의 실물을 여기서 보다니…… 믿을 수가 없네!" 아빠가 흥분해서 큰 소리로 말했습니다.

지금도 관광객에게 탁본을 떠서 팔기도 하는데, 탁본하느라 비석에 솜방망이로 먹물을 두드리는 소리가 "탁탁탁탁……"하고 끊임없이 들려옵니다.

시안에서는 우리 가족에게 또 하나 잊지 못할 일이 있었는데, 바로 시안의 중심지에서 우리 가족이 공연을 했던 것입니다. 산시성 정부청사 앞에 있는 신성광장과 시안 중심에 있는 광장에서 공연을 했는데, 두 번째 공연에서는 공안(경찰)의 저지로 공연을 중단해야 했습니다.

공연을 마치고 우리는 혹시 잡혀가면 어떡하나 하고 긴장을 했는데, 오히려 공안은 아주 친절하게 여기서 공연을 하면 안 되는 이유를 설명해 주며 공연을 중단시켜 미안해했습니다. 지금까지 중국 공안 하면 무섭게만 느껴졌는데 직접 만나보니 그렇지 않았습니다.

누나와 나의 승무 북 공연 중이었는데 그냥 끝내기가 무척 아쉬웠습니다. 그래서 오전에 했던 신성광장으로 가서 한번 더 두들겼습니다. 그랬더니 오전보다도 사람이 훨씬 많이 모였습니다. 우리도 흥이 나서 힘껏 징을 쳤더니 인도에서 맞췄던 징걸이가 박살이 나버렸지 뭡니까. 하하하!

공연을 마치고 숙소로 돌아가는데 중국의 화상보신문사 기자가 택시에서 내리더니 우리를 인터뷰하고 싶다고 했습니다. 우리를 취재한 기자로 인해 우리 가족이 사물놀이 공연을 하면서 세계일주 하는 내용이 중국의 현지 신문에 실리게 되었습니다. 매스컴의 힘은 정말 대단했습니다. 다음날 아침, 시안 행 기차 안에서 아빠와 필담을 나누었던 중국인 한 분이 신문을 보았다며 숙소로 전화가 왔으니까요.

우린 아빠의 중국어 실력을 다시 한번 확인할 수 있었습니다.

민수

05.

원시부족 마을,
레세디 문화촌 _ 남아프리카 공화국

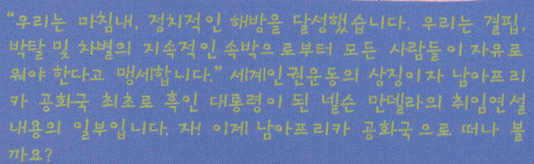

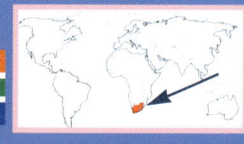

"우리는 마침내, 정치적인 해방을 달성했습니다. 우리는 결핍, 박탈 및 차별의 지속적인 속박으로부터 모든 사람들이 자유로워야 한다고 맹세합니다." 세계인권운동의 상징이자 남아프리카 공화국 최초로 흑인 대통령이 된 넬슨 만델라의 취임연설 내용의 일부입니다. 자, 이제 남아프리카 공화국으로 떠나 볼까요?

● 위치 : 아프리카 대륙 남단
● 수도 : 프리토리아(Pretoria)
● 언어 : 영어, 아프리칸스어
● 면적 : 121만 9912㎢
● 인구 : 4천 7백만 명(2005년 추정)

**남**아공 요하네스버그에서 북쪽으로 50km 떨어진 곳에는 남아프리카의 대표적인 원주민 줄루(Zulu), 소사 (Xhosa), 페디(Pedi), 바소토(Basotho) 4개 부족의 전 통마을을 재현해 놓은 Lesedi 문화촌이 있습니다.

시원한 도로를 달려온, 도시 끝의 약간의 나무들이 우거진 좁은 도로 사이로 천하 대장군, 지하 여장군처럼 나무를 깎아 만든 문 위에 'LESEDI'라고 적힌 간판이 보였습니다.

옛날 부족의 추장모습으로 분장한 술이 달린 가죽 옷을 걸친 사람들이 검은 얼굴에 하얀 이를 드러내고 활짝 웃으며 다가와 우리를 반겨줍니다.

"Welcome! Welcome! Where are you from?" (환영합니다! 어디서 오셨나요?)

"Korea." (한국에서 왔어요.)

"South or north?" (남한, 북한?)

"South." (남한이요.)

하도 많이 들어본 질문이라 이제는 현정이도 대답이 자연스럽게 나옵니다. 이런 질문을 받을 때마다 우리나라가 빨리 통일이 되었으면 하고 생각하게 됩니다. 민속촌의 원주민이 민수와 나에게 악수를 청했는데 난 순간적으로 한 발 물러나 엉거주춤 서있었습니다. 검은 피부의 손과 악수를 하려니 왠지 손이 쉽게 내밀어지지 않았습니다.

손의 크기도 무척 커서 내 손이 가려질 정도였습니다. 다른 한 손에 들고 있는 옛날 부족의 무기도 나를 순간적으로 위축시켰습니다.

가장 먼저 본 소사(Xhosa)부족의 집은 갈대 짚을 원뿔모양으로 지어, 여름엔 시원하고 겨울엔 따뜻할 것 같았습니다. 소사(Xhosa) 부족은 큰 소리로 "몰라~니!"라고 인사를 하는데, 가이드의 낮은 목소리와 익살스런 표정에 웃음이 나오려는 걸 겨우 참았습니다.

민수와 내가 낮은 문으로 고개를 숙이고 흙으로 만든 집안으로 들어서니 뜨거운 밖의 날씨와 달리 집안은 무척이나 시원했습니다. 마을의 부족들은 공통적으로 남자들만의 미팅 장소를 만들어 놓았는데, 남성을 무척 중시하는 것 같았습니다.

"민수야! 남아공의 옛 부족도 우리나라만큼이나 남아 선호 사상이 강한 것 같다. 그렇지?"

"하지만 누나! 아까 가이드가 이야기하는데, 여자를 보호하기 위해서 집안의 문 뒤쪽에 앉게 했다는데. 갑자기 나타난 야생동물이나 적으로부터 보호하기 위해서래. 여자들을 많이 위하는 것 같아."

가이드를 따라 오솔길을 걸어 도착한 페디(Pedi)부족은 문 앞에서 "도벨라!"라고 인사를 하면서 문을 열어주었습니다. 일부 3처제라서 부인을 세 명이나 맞을 수 있다고 합니다. 입구에서부터 첫째 부인, 둘째 부인, 셋째 부인의 집이 차례대로 있었습니다.

소사(Xhosa)부족은 넓적한 돌 위에 마른 옥수수를 놓고 둥글고 조금 무거운 돌로 갈아서 주식을 만드는데, 페디(Pedi)부족은 말린 곡식을 나무절구에 넣고 길고 둥글게 깎은 나무로 빻아서 만듭니다. 이렇게 곱게 빻은 옥수수 가루를 찐 것을 '밀리팝'이라고 하는데, 맛은 있지만 살이 많이 찐다고 합니다.

갑자기 머리에 화려한 두건을 둘러 쓴, 하체가 무척 튼튼한 아프리카 여자

해충의 침입을 방지하기 위해 집 벽에 소똥을 바르고 있음.

외부의 동태를 감시하는 부족 청년

들이 생각나 주변을 둘러보았더니 몇몇 아프리카 여자들이 커다란 엉덩이를 실룩이며 뚫어져라 보는 나에게 살짝 윙크를 합니다.

집의 바닥과 벽에는 소똥을 문질러 발랐다고 해서 민수와 나는 코를 쥐고 다녔는데, 냄새는 나지 않았습니다.

"누나, 소똥을 바르면 벌레를 막고 보온도 된대. 남아프리카 사람들 꽤 지혜로운걸."

줄루(Zulu)족은 가장 용맹스럽고 싸움을 잘하는 강한 민족입니다. 다른 부족과 다른 특이한 점은 외부의 침입을 막기 위해 울타리를 만들어 부족들을 보호한다는 점입니다. 인사말은 "사보~나", 감사의 표현은 "시아봉가"라고 합니다. 마을에 들어가려면 먼저 부족 사람들에게 "시쿨레 겔레카라"라는 인사로 허락을 받아야 합니다.

"민수야, 줄루족은 결혼을 하려면 여자 쪽에 11마리의 소를 주어야 한대. 결혼한 여자는 가죽을 길게 잘라 만든 스커트를 입고, 짚을 엮어 만든 둥글 넓적한 모자를 쓰고, 특이하게 잠잘 때도 모자를 쓰고 자는데, 모자를 받치는 마치 긴 도마 모양의 나무 베개를 따로 베고 잔다고 하니 상상만으로도 재미있지 않니?"

"누나, 누난 배 안고파? 난 배고픈데 점심은 언제 먹는 거야?"

민수는 검은 피부의 가이드에게 배시시 미소를 지으며 "Lunch, What time……?" 이라고 배를 가리키며 묻습니다.

"In thirty minutes." (30분 후에요.)

드디어 기다리던 점심식사 시간입니다. 민속촌 안의 레스토랑에는 근사한 부페가 준비되어 있었습니다.

"야호!" 민수와 난 환호성을 지르며 음식을 살펴보기 시작했습니다.

난생 처음으로 보는 야생 타조, 비둘기, 사슴, 악어고기 등이 먹음직스럽게 조리되어 있었습니다. 입안에 군침이 돌았습니다.

접시 가득 다양한 요리를 담아 오는 손끝에 짜릿함이 느껴졌습니다.

"크아! 우리 엄마 좀 봐. 누나."

요리에 관심이 많은 엄마는 생소한 음식임에도 불구하고 두려움 없이 시식을 합니다. 처음 먹어보는 음식들이지만 맛은 괜찮았습니다.

마지막으로 부족들이 모여서 추는 전통춤을 관람했습니다. 무척 우스꽝스럽기도 하고 재미있었는데, 춤을 추다가 갑자기 다리를 한 쪽씩 힘껏 들어 올리는 단순한 동작을 반복하다가 엉덩방아 찧기를 했습니다. 땅바닥에 엉덩이가 닿을 때마다 마치 내 엉덩이가 얼얼해지는 것 같았습니다. 용맹함을 과시하는 동작들이 과장되게 표현되어 아주 빠른 북소리에 맞추어 격렬하게 춤을 추는 부족의 모습은 사람의 혼을 빼 놓는 것 같았습니다.

민정

06.
잊을 수 없는 감동의 날
_보츠와나

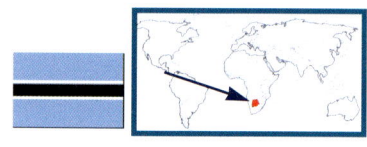

● 위치 : 아프리카 남부
● 수도 : 가보로네(Gaborone)
● 언어 : 영어
● 면적 : 60만 370km²
● 인구 : 176만 명(2005년 추정)

세계에서 다이아몬드가 가장 많이 매장되어 있는 나라가 어딘지 아세요? 바로 아프리카의 보츠와나입니다. 덕분에 보츠와나는 아프리카 나라들 중 잘사는 나라에 속하는데요, 칼라하리사막에 위치해 있어서 강수량이 매우 부족한 나라입니다. 얼마나 강수량이 부족했으면 이 나라의 화폐단위를 Pula(풀라, '내리는 비'를 뜻함)라고 했을까요?

 **보**츠와나에서의 하루가 시작되었습니다. 지난 밤, 요하네스버그에서 출발한 버스에서 멀미를 심하게 했습니다. 사진 속에서만 보던 끝없는 아프리카의 황토색 초원, 붉다 못해 신비한 색을 내며 타오르는 태양이 너무나 강렬해서 눈을 뜰 수가 없었습니다.

새로운 얼굴들을 만났습니다.

외국에서, 그것도 미지의 대륙 아프리카에서 만난 같은 핏줄의 한국인. 우리를 공연에 초청해주신 허은영 교장선생님, 서 목사님, 한인회장님, 용권이 오빠, 용준이, 그리고 샤론이.

앞으로의 4일간은 천천히 지나가기를, 행복한 시간이 되기를……

세계 곳곳의 아무리 작은 나라에도 한글학교가 있었는데, 보츠와나에는 특별한 학교 건물 없이 교민 집에 모여 수업을 합니다.

한글학교는 한국 학생들이 모여 한글을 배우고, 한국을 배우는 것뿐만 아니라 한국인이 모이는 그 이유만으로도 한국인이라는 주체성을 잃지 않기 위해 꼭 필요하다고 생각합니다. 보츠와나에서는 우리의 공연뿐만 아니라 한글학교 학생들의 우리나라 민요와 부채춤 등을 선보여 더욱 기대가 되었습니다.

우리가 도착하자 며칠 후에 있을 한국 전통 문화 행사 'Korean Culture

Festival'의 본격적인 연습이 시작되었습니다. 세계일주 중이기 때문에 한 곳에 오래 머무를 수 없어서, 중요한 행사임에도 연습 시간이 충분치 않아 안타까웠습니다.

초등학생들의 소고를 치며 부르는 대장금 노래, 중·고등학생의 민요와 초등학교 고학년의 부채춤이 준비되었습니다.

드디어 공연의 날이 밝았습니다.

오후 7시에 막이 오르자, 교민들은 모두 고운 한복을 차려 입고, 공연장 입구에 장식된 우리나라 특유의 물건들을 설명하기 시작했습니다.

용권이 오빠와 지원이 언니가 사회를 맡아 영어와 한국어로 이야기했고, 내·외빈 인사에 이어서 1부가 시작되었습니다.

첫 순서로 한글학교 어린이들의 '부모님 은혜', '대장금 주제가' 합창이 있었고 이어서 우리 가족의 설장고, 웃다리 사물놀이가 이어졌습니다. 공연 하는 내내 관객석에서는 강렬한 후레쉬가 펑펑 터졌습니다. 중·고등학생의 민요를 끝으로 1부는 막을 내렸습니다.

휴식시간 동안에 현지인들은 한국 교민이 준비한 한국 전통음식을 맛보 며, 우리 가족에게 좋은 공연이었다고 엄지를 세우며 활짝 웃어주었습니다.

우리 가족의 사물놀이 공연

인사를 받을 때마다 벅찬 마음에 얼굴이 달아올랐습니다.

2부의 오프닝으로 현정이가 동요를 부르고, 한글학교 학생들의 부채춤이 이어졌습니다. 눈을 사로잡는 한복의 아름다움과 부채를 팔랑팔랑거리는 한글학교 학생들의 모습이 정말 사랑스러웠습니다. 승무북과 영남 사물놀이가 이어져 갈 때도 간간이 박수가 나왔고, 한 순서가 끝날 때마다 우레와 같은 박수가 터져 나왔습니다.

엄마가 관객들에게 아리랑을 가르쳐주는 차례에서는 교민들의 철저한 준비에 의해 만들어진 팜플렛으로 거의 모든 외국인이 비슷한 발음으로 따라 부르고 있었습니다. 외국인들이 따라 부르는 아리랑에 코가 찡해왔습니다.

아리랑이 끝나자 공연의 하이라이트인 길놀이가 시작되었습니다. 관객석에 앉은 내·외빈 인사와 외국인들은 무대 위로 올라와 우리와 함께 원을 그리며 춤을 추기 시작했습니다. 오리 엉덩이의 빠른 스텝을 밟는 사람들의 얼굴에는 낯선 한국 사람들의 낯선 가락에 흠뻑 빠져 즐거움으로 가득했습니다. 제 1회 한국의 날은 보츠와나 가보로네에서 자랑스런 교민들의 성원에 힘입어 뜨겁게 달아올랐습니다.

현지인들과 함께 한
동대문 놀이

공연 후
현지 매스컴과의
인터뷰 장면

한국의 날 공연. 길놀이 모습

한국의 날 행사의
관중들

민정아……, 너의 편지를 받는데 해가 바뀌었구나.

오늘에서야 너의 편지를 받았단다.

아마 우리 가족이 지금 보츠와나에 있지 않기 때문일 거야.

너와의 만남 이후 가끔 꿈새미 홈피에서 너의 공연 모습을 보곤 한단다.

현정이도 민수도 이젠 정말 마음만큼이나 몸도 훌쩍 커버렸더구나.

서로 다른 많은 나라들을 돌아보고 경험하고 그리고

때론 행복도 느꼈겠지만 때로 외롭고 지칠 때도 많았을 텐데

그 어려움의 시간들을 가족이라는 이름으로 잘 이겨냈기에

오늘 너를 아는 많은 사람들의 마음속에 희망의 속삭임을 줄 수 있는 정말
새로운 섬김이의 모습을 갖출 수 있는 것 같구나.

나는 너의 가족이 악기를 메고 기차를 탈 때의 모습을 잊을 수가 없단다. 정
말 대견하기도 하고 많이 아프기도 하고 했던 기억을……

기억하니?

꿈새미가 보츠와나에 남긴 영향을? 꿈새미와 함께 제1회 한국 문화의 밤을
갖은 이후로 그 다음해에는 제2회 한국문화 행사를 했단다.

그리고 샤론이가 한국에서 가야금과 장구를 배워 와서 정말 미흡하지만 어머
니반과 중·고등부 그리고 초등부에 모두 장구반을 만들어서 한글학교 내에서
행사를 치루었단다. 모두가 너의 장구치는 모습에 반한 덕일 거야.

민정아.

늦었지만 정말 고맙고, 사랑스럽구나.

아마 보츠와나뿐만 아니라 네가 밟았던 모든 나라들이 보츠와나와 같았을 것
이라 생각한단다.

이제 세계를 향한 비전을 갖은 딸로 한국을 위해 무엇을 해야 할지 준비하는
고등학교 생활이 되었으면 하는 바램이란다.

민수와 현정이에게도 안부 전해주렴. 기억하고 보고 싶고 사랑한다고……

편지 정말 고맙다.

안녕.

보츠와나에서 허은영 교장선생님이.

07

가도 가도 끝없는 대륙,
50시간 기차여행 _ 잠비아

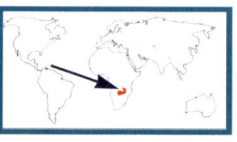

● 위치 : 아프리카 동남부
● 수도 : 루사카(Lusaka)
● 언어 : 영어
● 면적 : 75만 2618km²
● 인구 : 1천 166만 명(2005년 추정)

아프리카에서 석양이 가장 아름다운 곳은 어디일까요? 보는 사람마다 다르겠지만 저는 잠베지 강에서 배를 타고 바라보았던 석양을 지금도 잊을 수가 없습니다. 그 강물이 그대로 거대한 빅토리아 폭포로 바뀌는 순간 세상은 온통 하얀 물안개로 자욱합니다. 잠비아는 바로 빅토리아 폭포가 있는 나라입니다.

빅토리아 폭포에 온 몸을 흠뻑 적신 우리 가족은 잠비아의 수도 루사카에서 하룻밤을 묵은 후 탄자니아로 가기 위해 서둘러 숙소를 나섰습니다. 버스터미널에는 어젯밤에 우리를 도와주었던 빌리 아저씨가 아침 일찍부터 나와서 기다리고 있었습니다. 빌리 아저씨와 작별 인사를 나누고 버스에 올라타려는데 눈물이 핑 돌았습니다. 어제 저녁에 버스에서 만나 택시를 잡아 숙소까지 무사히 갈 수 있도록 도움을 준 빌리 아저씨를 생각하니 너무 감사했습니다.

빌리 아저씨는 우리가 잘 도착했는지 숙소에 확인 전화를 걸어왔습니다. 아프리카에서 친절한 사람을 만나 검은 피부를 가진 사람에게 호감을 느끼게 되었습니다.

"누나! 에휴~! 벌써부터 2박 3일 동안 기차 탈 걸 생각하면 끔찍하다, 끔찍해."

루사카를 떠나 탄잔 열차가 출발하는 뉴카포리 음포시의 기차역에서 하루에 한 번뿐인 기차를 기다리면서 누나에게 걱정스럽게 말을 건넸습니다.

"그러게, 이렇게 더운 날씨에 난 하루만 샤워를 안 해도 몸이 찝찝한데 2일을 어떻게 참지?" 누나도 은근히 걱정이 되는 모양입니다. 그러나 현정이만은 "우와~! 또 기차에서 자는 거야? 인도랑 중국처럼? 야, 신난다!"하며 너무 좋아서 펄쩍 뛰었습니다.

"그래. 일등실로 했으니까, 인도보다는 시설이 괜찮을 거야. 일등칸은 우리 가족만 따로 방 하나에서 잘 수 있거든. 안에서 잠글 수도 있고." 아빠의

잠비아 리빙스턴 버스 터미널

말에 조금은 안심이 되었습니다.

"그럼 식사는 어떻게 해결해?" 역시 엄마는 가족들의 먹거리부터 걱정하십니다.

"방법이 있겠지 뭐. 기차 안에도 식당이 있을 거야."아빠가 걱정 말라고 대답했습니다.

드디어 기차 출발시간이 되어 개표구의 긴 줄을 따라 우리는 짐을 하나씩 들고 기차에 올랐습니다.

"와! 침대가 4개인데, 되게 좋다." 내가 소리치자 옆에서 현정이가 "아싸! 2층은 내꺼 찜."하면서 어느새 2층으로 올라갔습니다. 다행스럽게 2층 침대가 하나 더 있어서 그것은 내 차지가 되었습니다. 2층 침대가 두 줄로 나란히 놓여있고, 작은 식탁과 짐을 넣을 수 있는 공간, 잠글 수 있는 문도 있어서 작은 방 같았습니다.

잠비아에서 탄자니아로 이동하려면 기차를 타야 합니다. 이 기차는 무려 50시간이나 걸리는데다 하루에 하나밖에 없습니다. 또, 탄잔 열차에는 좌석에 등급이 있는데 외국인이나 아프리카 귀족들은 안전을 위해 아예 표를 끊을 때 일등석을 줍니다.

자, 이제 50시간의 기차여행이 시작되었습니다. 처음에는 음식을 나르는 아프리카 직원이 복도를 지나갈 때마다 냄새를 참을 수 없었는데, 시간이 지나면서 익숙해졌습니다.

기차는 영국 식민지 때부터 운행되던 것인데, 비록 녹이 슨 물이 나오기는

50시간을 달리는 탄잔열차

탄잔 열차가 정차할 때마다 사람들이 몰려든다.

하지만 샤워실도 있었습니다. 뜨거운 태양에 저절로 데워져 낮에는 뜨거운 물이 콸콸 나왔습니다. 게다가 기차 안에 식당이 있어서 식사 때가 되면 주문을 받고 음식을 방으로 가져다주었습니다.

그 많은 메뉴들 중에서 나는 유난히 비프스튜와 후라이드 치킨이 끌렸습니다. 처음에 먹은 비프스튜 맛은 정말 끝내주었습니다. 아프리카에서 그것도 기차 안에서 웨이터가 갖다 주는 비프스튜를 먹을 수 있다는 것은 상상도 못했기 때문입니다.

하지만, 마지막으로 먹은 비프스튜 역시 절대 잊지 못할 것입니다. 그 이후로는 비프스튜만 보면 구역질이 났으니까요. 음식 재료가 바닥나 비프스튜만 3일 연속으로 먹었으니 그럴 만도 하겠죠?

"민수야! 옆방에 캐나다 대학원생이 있는데, 지금까지 이야기하다 왔거든. 너희들도 심심하면 가서 놀다 와." 아빠가 기차 안을 돌고 와서 나와 누나에게 얘기해 주었습니다.

"어! 정말?" 우리는 귀가 번쩍 뜨였습니다.

누나와 나는 얼른 옆방으로 갔습니다. 거기에는 키가 큰 백인 한 사람이 현지인들과 함께 지도를 보며 이야기를 나누고 있었습니다.

"Hello! How do you do!" 인사를 건네자, "Oh! Hi! Come here!" 하며 반갑게 맞아 주었습니다.

"Where are you from?" (어디서 왔어요?)

"I'm from Canada, and my name is Aron Jonson." (나는 캐나다에서 온 아론 존슨이라고 해요.)

그 사람은 손을 내밀었습니다.

"I'm Minsoo Kim, and I'm from South Korea." (제 이름은 민수고 한국에서 왔어요.)

나는 좀 어색했지만 악수를 하며 나를 소개했습니다.

"Oh! Korea, I have been to Seoul for one week about 10 years ago." (아! 십 년 전에 일 주일 정도 서울에서 머문 적이 있어요.)

"Really?" (정말이에요?) 나는 놀라서 물었습니다. "How do you think about Korea?"(한국에 대해서 어떻게 생각해요?)

"It was very good. Especially Seoul metro was very clean. I like Seoul very much." (아주 좋았어요. 특히 서울 지하철은 매우 깨끗하더군요. 저는 서울이 아주 마음에 들었어요.)

우리나라와 서울에 대해 좋게 이야기해주어 기분이 좋았습니다. 우리는 많은 이야기를 나누며 시간가는 줄 몰랐습니다. 하지만 내 영어 실력이 많이 부족해서 사실은 누나가 많이 도와주었습니다.

이렇게 우리는 친해지자 시간만 나면 서로의 방을 오고 가며 이야기를 나누었고, 엄마와 현정이랑도 친해지게 되었습니다. 기차에서 두 번째 날은 5월 5일 어린이 날이었는데, 밤에 갑자기 정전이 돼서 기차 안은 암흑처럼 캄캄해 졌습니다. 옆방에서 존슨이 손전등을 들고 찾아 왔습니다. 손전등을 탁자에 놓고 이야기를 나누다가 현정이가 동요를 불렀습니다. 그 동요 소리를 듣고 기차에 있던 승객들이 몰려들었고, 모두들 현정이가 너무 예쁘다며 한마디씩 건넸습니다. 막내 현정이의 인기는 중국 기차에 이어 아프리카에서도 식을 줄을 몰랐습니다.

가끔씩 기차가 역에 정차할 때에는 많은 사람들이 집에서 재배한 농작물을 가져다 기차의 손님들에게 판매하는데 양파와 감자, 강에서 잡은 물고기와 튀김들도 있어서 마치 움직이는 슈퍼마켓 같았습니다.

어린 아이들은 돈이나 먹고 난 물병, 볼펜 등을 달라고 창가에 모여 손을 내밀었는데, 우리가 가져온 목걸이 볼펜을 아이들에게 나누어줬더니, 갑자기 너도나도 몰려들어 혼이 났습니다. 한번은 땅콩 파는 여자에게 땅콩을 달라며 우리 돈 500원 정도를 냈더니 한 바가지를 통째로 주었습니다. 우리는 횡재했다는 생각을 하며 땅콩을 까서 입으로 넣는 순간! 헉~! 그건 생땅콩이었습니다. 우리는 기차 안의 주방장에게 삶아달라고 부탁을 해서 주위 사람들과 나누어 먹었습니다.

숙소와 다른 기차에서 2박 3일 동안 재미있게 보내는 사이, 잠비아를 떠나

50시간 만에 드디어 종착지인 탄자니아의 '다르에스살람'에 도착했습니다.
마지막에는 기차 안에 마실 물이 모두 떨어져서 타오르는 갈증을 견뎌야만
했습니다.

긴 열차 여행에서 만난 사람들

짐을 이고 열차로 몰려드는
마을 주민들

버스 내부 모습

나누어준 볼펜을 신기한 듯 쳐다보는 아이들

08

동물의 왕국
세렝게티 초원 _ 탄자니아

세렝게티 초원을 무대로 펼쳐지는 영화 라이언킹에 나오는 '하쿠나 마타타'라는 말 들어보셨죠? 혹시 무슨 뜻인지 알고 있나요? 이 말은 아프리카 원주민들이 사용하는 스와힐리어인데요. 주로 탄자니아, 케냐, 우간다 등에서 사용되는 말입니다. 이 말은 영어로 'No problem', 즉 '걱정 없다. 아무 문제없다'는 뜻입니다. 탄자니아는 바로 세계에서 가장 큰 자연 동물원 세렝게티가 있는 나라입니다.

- 위치 : 아프리카 동부
- 수도 : 다르에스살람(Dar es Salaam), 도도마(Dodoma)
- 언어 : 스와힐리어, 영어
- 면적 : 94만 2799㎢
- 인구 : 3천 785만 명(2006년 추정)

세렝게티 초원의 일출

**아**프리카 여행을 위해 우리는 한국에서 출발하기 전에 황열병 예방 주사를 맞고 노란색의 증명서를 받았습니다. 아프리카를 여행하는 도중 황열병 예방 접종 증명서를 요구하는 나라들이 있기 때문입니다. 또한 말라리아 약도 복용해야 하는데, 열대모기에 물리면 말라리아 전염병에 걸릴 수 있기 때문입니다. 우리는 1 주일에 한 알씩 먹는 '메프로퀸(Mefloquine)' 이라는 약을 먹었습니다. '아 프리카' 라고 하면 모두가 밀림지역이어서 무척 덥고 모기도 많이 물릴 거라 생각했는데, 생각과는 달리 우리나라 가을 날씨처럼 매우 쾌청하고 고원지 대에서는 밤에 춥기도 했습니다.

우리는 세렝게티 초원 사파리를 위해, 탄자니아의 아루샤라는 도시에 도 착했습니다. 아루샤는 그렇게 번화하지는 않았지만 먼지나는 도로를 달리는 봉고 버스 마타투(matats)와 현지인과 관광객들로 활기가 넘치고, 가끔 빨 간색 체크 망토를 걸치고 지팡이를 든 마사이족도 볼 수 있었습니다.

"Hujambo(후잠보)? Habari(하바리)? Asante sana(아산떼 사나)!"
(안녕하세요? 잘 지내시죠? 대단히 감사합니다.)

여행사에 들어서자 검은 얼굴에 흰 이를 드러내며 직원이 우리를 반갑게 맞아주었습니다. 가이드, 요리사와 함께 2박 3일간의 사파리 여행을 떠나기 로 했습니다. 사파리는 '여행' 이란 뜻의 스와힐리어로, 멀리 떠나 무엇인가 를 배우고 돌아온다는 뜻이 있다고 합니다. 여러분들은 아마 TV에서 수 만 마리의 누우 떼가 초원을 이동하는 모습과 사자, 표범이 먹이를 사냥하는 모 습을 본 적이 있을 것입니다.

그곳이 바로 지금부터 우리가 여행하려는 세렝게티 초원입니다. 세렝게티 란 마사이어로 '끝없는 평원' 이라는 뜻인데요, 초원 넓이가 1만 5천km^{2}로 서울시 면적의 25배나 됩니다.

"누나, 드디어 아프리카에서 사파리를 하게 되었네."

"세렝게티 초원을 누비는 동물들을 볼 수 있다니. 야호! 정말 신나는 걸."

대자연 속에서 수많은 동물들을 직접 볼 수 있다는 기대와 설렘으로 누나와 나는 무척 흥분하고 있었습니다.

세렝게티 초원의 사파리 투어는 거친 길과 초원을 달려야 하기 때문에, 지붕이 열리는 사륜구동 차를 타야 하는데, 운전사 겸 가이드인 '고디'는 거친 길을 노련한 운전 솜씨로 거침없이 달렸습니다. 나는 좀 더 자세히 보기 위해 망원경을 꺼내, 의자 위에 올라가 열린 지붕 위로 상반신을 내밀었습니다.

"누나, 저기 얼룩말(Zebra) 무리 좀 봐. 얼룩말의 무늬가 모두 다르네. 하나도 같은 게 없어."

"정말 신기하네. 근데 왜 다른 얼룩말의 등에 머리를 올려놓고 있을까?"

"아마 가족인가 보지 뭐."

"Right! A zebra is a family - oriented animal, and every single zebra has it's own stripes. So foals can recognize their moms." (맞아! 얼룩말은 가족끼리 모여살고, 똑같은 줄무늬 얼룩말은 없어서 새끼들은 줄무늬로 엄마를 알 수가 있어.) 가이드인 고디의 설명을 들으니 이해가 되었습니다.

동물원에 갇혀 있는 동물들만 보다 자연에서 마음껏 뛰어노는 동물들을 직접 보니 너무 신이 났습니다. 오히려 동물들이 차 안에 갇혀 있는 우리를 구경하는 것 같았습니다. 검은 등 재칼(Black-Backed Jackal)의 모습은 민첩해 보이고, 나무를 잘 타는 사바나 원숭이(Savannah Monkey)는 귀여웠습니다.

육상동물 중에 몸집이 가장 큰 아프리카 코끼리(Elephant)와 늪 속의 하마(Hippopotamus), 검은 코뿔소(Black Rhinoceros)도 만날 수 있었습니다. 목이 긴 기린(Giraff)과 팔자 수염 모양의 버펄로(Buffalo), 엘런드영양(East Africa Eland), 임펠라(Impala) 등등 눈만 돌리면 여기저기서 한가로이 풀을 뜯거나 이동하는 동물들의 모습이 보였습니다. 가끔 만나는 톰슨가젤(Thomson's Gazelle)은 땅 위의 열대어처럼 예뻤습니다.

야생의 아프리카 초원에서 텐트를 치니 마음이 불안해졌습니다. 밤이 되어 총을 든 경비원을 확인하고서야 잠을 이룰 수가 있었습니다.

세렝게티의 코끼리 아저씨

가이드 고디와 요리사 존

얼룩말 무늬가 어지럽다.

세렝게티 초원의 기린

사파리를 할 때는
텐트에서 숙박을 한다.

세렝게티 입구

보석처럼 빛나는 수많은 별들 외엔 불빛도 없고, 컴컴한 텐트 밖에서는 기분 나쁜 하이에나의 울음소리가 들립니다.

"I'm afraid." (무서워.)

"Calm down. Don't be afraid." (괜찮아. 무서워하지 마.)

가끔 밤이 되면, 하이에나나 기린 같은 동물들이 텐트를 밟을 수도 있다는 가이드의 말에 우~~~ 생각만 해도 등골이 오싹해져서 나는 고개를 마구 흔들었습니다.

다음날 새벽, 단잠에 빠진 누나와 나를 고디가 흔들어 깨웠습니다.

"Minjung, Minsoo, wake up! It's 5 am, we can easily find animals, because around this time, they move to find water." (민정, 민수 일어나. 어서! 새벽 5시에 동물들이 물을 먹으러 이동할 때가 동물들을 가장 많이 볼 수 있어.)

사륜구동 사파리 차 안에는 잠이 덜 깬 민수와 나, 탄자 열차에서 만난 캐나다 여행자 존슨도 함께 탔습니다. 존슨은 아루샤의 우리가 묵는 숙소에서 우연히 다시 만나 함께 사파리를 하게 되었습니다. 동쪽 하늘의 붉은 구름 속에서 커다란 태양이 얼굴을 내밀면서 온 대지를 서서히 깨우고 있었습니다.

"Wow, it's unbelievable!" (아름답군. 신비로워!)

캐나다인 존슨은 손을 턱에 괴고, 일출을 보며 연신 감탄사를 연발했습니다.

이른 새벽 육중한 몸을 움직여 어디론가 부지런히 향하는 코끼리를 발견하고, 고디는 천천히 운전하며 살금살금 따라갔습니다.

새벽부터 나온 사파리 차들의 행렬이 길가에 한 줄로 멈추어 서자, 코끼리는 성가신 듯 짜증 섞인 소리를 내더니, 누군가가 터트린 카메라 불빛이 반짝이자 성을 내고 말았습니다.

코끼리는 차들이 있는 도로를 향해, 크고 무거운 코를 흔들거리며, '히이이잉~~~' 하고 울부짖듯 소리치며 전력 질주해 달려옵니다.

"어머! 어떻게 해. 차가 뒤집힐 거 같아. 으악~!"

비디오를 촬영하던 누나는 소리를 질렀습니다. 마치 세렝게티의 주인은 자신이라고 선전포고를 하는 것 같았습니다. 졸지에 세렝게티 초원의 불청객이 된 사람들은 그제서야 조심조심 차를 타고 이동하기 시작했습니다.

캠핑장으로 돌아오자 요리사 존이 야외 테이블에 준비한 음식을 올려놓고 있었습니다. 사파리를 나온 각 여행사의 요리사들이 함께 요리를 할 수 있는 재래식의 넓은 식당에서는 맛있는 냄새가 코를 찔러 입안에 군침이 돌았습니다.

"Ok, we're all set. Did you have fun at the safari? We've prepared bowls of soup and beef. Enjoy your meal." (자, 준비가 다 됐습니다. 사파리는 즐거우셨나요? 스프와 쇠고기 요리입니다. 즐거운 식사 시간이 되길 바랍니다.)

우리가 식사를 하는 동안 요리사 존과 고디는 텐트를 걷었습니다.

민수

09.

지상 최대의 분화구,
응고롱고로 – 탄자니아

● 위치 : 아프리카 동부
● 수도 : 다르에스살람(Dar es Salaam),
　　　　 도도마(Dodoma)
● 언어 : 스와힐리어, 영어
● 면적 : 94만 2799㎢
● 인구 : 3천 785만 명(2006년 추정)

응고롱고로 분화구 내 호수에 서식하는 플라밍고

 렝게티 사파리를 마치고 지상 최대의 분화구인 응고롱고로로 이동했습니다. 응고롱고로는 한라산 백록담처럼 거대한 분화구로 그 넓이가 서울시 전체 면적의 절반 정도 됩니다. 그 안에는 아프리카에서 볼 수 있는 대부분의 동물들이 서식하고 있어서 '동물 백화점'이라고도 불립니다.

운전사 고디는 장난스럽게 길도 없는 높게 자란 덤불 사이로 차를 몰기 시작했습니다. "Godi, watch out! Let's leave here." (고디, 위험해! 그냥 가요.) 누나가 말했지만, 고디는 "하쿠나 마타타!" 하고 아무 문제없다며 사자 가까이 다가갔습니다. 나는 라이온킹에 나오는 '하쿠나 마타타'라는 말이 스와힐리어라는 사실을 아프리카에 와서 알게 되었습니다. 이후로 누나와 나는 아프리카에서 '하쿠나 마타타'를 입에 달고 살았습니다.

사자들은 더위에 지친 것인지 배가 불러서인지, 우리에게 관심을 보이지 않았습니다. 겁이 많은 나는 사자가 갑자기 차를 향해 돌진할 것만 같아서 마음이 조마조마했습니다.

그런데 큰일이 났습니다. 차가 사자 가까이에서 멈춰버린 것입니다. 우리는 간이 콩알만해졌습니다.

"Oops!" 고디가 한숨을 내쉽니다.

"What's wrong?" (무슨 일이죠?) 누나가 묻자, "H'm." 하고는 어깨를 으쓱하고 다시 시동을 걸기 시작합니다.

본네드에신 시커민 연기가 올라오고 나는 자꾸만 사자를 살펴보며 불안한 마음이 더욱 커졌습니다. 한참동안 시동 걸기를 반복하자 드디어 차가 움직이기 시작합니다.

"Wow!"

"Let's leave, hurry! Godi, don't let the lion know we're moving. Hurry!" (빨리, 빨리 빠져나가요. 고디! 사자가 눈치 채지 못하게요. 빨리요.)

다시 사파리 차들이 이동하는 안전한 길로 들어서자 나는 안도의 한숨을 쉬었습니다.

"민수야, 저 나무 좀 봐. 열매가 먹음직스런 소시지 같아!"

"That's a Sausage Tree." (저건 소시지 나무야.) 고디가 말했습니다.

"So is it edible?" (그럼 먹을 수 있나요?)

그렇지 않아도 출출하던 터라 따먹을 수 있는 열매가 아닐까 잔뜩 기대를 걸고 물었습니다.

"No, you should not eat that. It just looks like a sausage." (아니 먹을 수 없어. 모양만 소시지처럼 생겼지.)

실망을 감추고 다시 보니 정말 신기합니다. 커다란 나무에는 소시지처럼 먹음직스럽게 생긴 기다란 열매들이 주렁주렁 달려 있었습니다.

소시지 나무 주위에는 몸집이 아주 큰 아프리카대머리황새(Marabou Stork)와 수십 마리의 독수리(Vulture)가 앉아 있었습니다. 독수리들은 차가 가까이 다가가자 하나같이 하늘로 날아오르며 굉장한 광경을 연출했습니다. 독수리들이 우리를 공격하면 어쩌나 하는 생각이 들어 몸이 움츠러들었습니다.

갑자기 차를 멈춘 고디는 손가락으로 멀리 가리키며 "A leopard is sitting over there." (저기 표범이 앉아 있다.)고 했지만, 우리 눈에는 까만 점이 하나 보일 뿐이었습니다.

아프리카의 사파리 가이드들은 시력이 무려 5.0이나 된다고 합니다. 그러니 고디가 본 것은 표범이 분명할 것입니다.

점심은 스프와 빵, 잼과 버터 우유와 고기 요리입니다.

"누나, 금강산도 식후경이라고 했어. 빨리 먹자."

그런데 갑자기 여유롭게 하늘을 나는 새를 보며 요리사 존이 소리쳤습니다.

"Don't let them see the food." (음식을 보이지 마.)

순식간에 매처럼 날카로워 보이는 부리를 가진 새가 아래로 날더니, 다른 테이블의 빵을 낚아채서 하늘로 날아올랐습니다. 어리둥절해서 하늘을 바라보던 나는 갑자기 식욕이 사라졌습니다. 다시 아래를 향해 전속력으로 내려

응고롱고로 분화구 안에 있는 버팔로 떼

소시지 나무

오는 새를 보자 나는 기겁을 해서 소리쳤습니다.

"누나, 조심해. 우리 쪽으로 오고 있어."

"민수야, 도망가! 빨리!"

누나와 난 식사를 포기하고 캠핑을 위해 쳐 놓았던 텐트 안으로 들어갔습니다. 고디와 존은 익숙한 일인 듯, 팔을 벌려 쫓으면서 여유롭게 커피를 마시고 있습니다. 텐트 밖으로 무심코 시선을 던진 나는 누나에게 조용히 말했습니다.

"누나, 개미떼(사파리 앤트)다."

엄청난 줄을 이룬 개미들이 줄지어 어디론가 부지런히 이동하고 있습니다. 나는 살금살금 사파리 앤트를 따라가 보았습니다. 바위와 돌들이 쌓인 구멍 사이를 통과해 길 위의 작은 구멍으로 사파리 앤트의 행렬은 끝도 없이 이어지고 있었습니다. 캠핑장 안내 팻말 아래까지 이어진 사파리 앤트의 행렬을 따라가다가 하늘 위로 새가 안 보이는 것을 확인하고는 누나와 점심을 먹었습니다.

길을 막고 있는 타조떼

응고롱고로 분화구 안의 동물들은 평생 이곳을 벗어나지 못하고 죽는다고 합니다. 분지로 내려가는 길은 크고 작은 바위들이 노출되어 있어 차 바퀴가 바위에 걸릴 때마다 차가 매우 흔들려 멀미가 났습니다. 뿐만 아니라 옆으로 기울 때마다 낭떠러지처럼 깊은 분화구 아래로 차와 함께 굴러 떨어지지나 않을까 조마조마했습니다.

하지만, 분지 아래는 평화로웠습니다. 현대식 화장실이 초원 위의 풍경을 방해한다는 느낌도 있었지만, 아무튼 편리하게 이용할 수 있다는 건 다행스러웠습니다.

응고롱고로 분화구 안에서는 새들을 많이 볼 수 있었습니다.

사막과 초원을 엄청난 속도로 달리는 타조(Ostrich)와 예쁜 관이 머리 위에 있는 관학(Crowned Crane), 호로호로새(Guinea-Fowl), 무지개색의 아름다운 붉은배 찌르레기(Superb Staring) 등이 있었습니다. 넓은 호수 위의 수만 마리의 분홍색 플라밍고(Flamingo)떼는 너무나 아름다웠습니다. 그들은 무리지어 날기도 하고 머리를 물속에 넣고 열심히 먹이를 찾기도 합니다.

오후가 되자 맑고 파랗던 하늘에 커다란 구름이 지나며 분지 주변의 산허리에 산 그림자를 만들고, 길을 따라 걸으니 이름 모를 식물들이 눈길을 사로잡았습니다.

새가 내려와 음식을 낚아채던 곳

응고롱고로 분화구 내부 모습

응고롱고로 입구 관리 사무소

10

킬리만자로 등반기1 _ 탄자니아

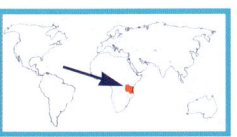

● 위치 : 아프리카 동부
● 수도 : 다르에스살람(Dar es Salaam),
　　　　 도도마(Dodoma)
● 언어 : 스와힐리어, 영어
● 면적 : 94만 2799㎢
● 인구 : 3천 785만 명(2006년 추정)

스와힐리어로 '빛나는 산', '하얀 산'이라는 뜻인 킬리만자로를 등반하기 위해서는 반드시 안내원인 가이드와 함께 가야만 합니다. 혼자 등반하기는 위험하기 때문에 탄자니아 정부가 정한 규정입니다. 세계일주 항목에서 절대 빼놓을 수 없는 킬리만자로 등반을 위해서 버스를 타고 다르에스살람을 출발해 탄자니아 아루샤에 도착했습니다. 버스에 탄 동양인 가족을 이상한 눈으로 힐끔거리며 보던 현지인들은 시간이 지날수록 호의적이고, 친절하게 대해줬습니다.

탄자니아 아루샤의 버스 터미널 앞에 도착하니 재래시장이 있고, 길거리까지 늘어선 노점 상인들과 장을 보는 많은 사람들로 북적입니다.

우리는 버스 터미널에서 가까운 소코이네 로드(Sokoine Road)에 위치한 메루 하우스 인(Meru house Inn)에 여장을 풀고, 1층에 있는 빅토리아 여행사(Victoria Expeditions) 사장인 사무엘(Samuel)과 부인인 레나테(Renate)와 인사를 나누었습니다. "Welcome! Karibu!" (환영합니다! 카리부!)

커다란 몸집에 코털이 난 여행사 주인 사무엘은 계약이 끝나자 "Hey! Jim, Jim! Come here!" (어이, 짐! 이리와 봐!) 하며 이제 막 킬리만자로 등반을 마치고 돌아온 후 차를 세차 중이던 짐을 큰 소리로 부릅니다. 짐은 세차게 뿜어져 나오는 수돗물을 잠그고 기다란 호스를 내려놓은 후 사무실 안으로 달려왔습니다.

"Here are Minjung and Minsoo from Korea, and they need clothes and equipments that fit them. Oh, they also need shoes, too." (여기 한국에서 온 민정이와 민수 키에 맞는 방한복과 장비를 챙겨줘. 신발도 맞는 것으로 찾아 보구.)

엄마, 현정이와 이별

등산 장비를 챙기는
가이드와 포터들

캐나다 메리 언니

킬리만자로를 등반하기 위해서는 방한복과 등산화, 침낭, 내의, 손전등 등 많은 준비물이 필요합니다. 짐(Jim)이 챙겨준 장비를 양손 가득 안고, 민수와 나는 3층 숙소를 향해 계단을 올라갔습니다.

복도에서 만난 레게머리의 두꺼운 안경알이 눈을 더 작게 보이는 여자 외국인 여행자가 "Hi! Will you climb to Killimanjaro?" (하이, 킬리만자로 등반해요?)라며 묻습니다.

"Yes! I will." 하며 고개를 끄덕이자 "What is your room number? My room is 302, I want to talk with you." (몇 호실에 묵고 있어요? 나는 302호인데, 얘기 좀 해도 될까요.)라며 말을 건냅니다.

"My room is 307. Please drop by my room." (우린 307호예요. 복도 끝에서 오른쪽으로 돌아 두 번째예요. 놀러 오세요.)

"I have just arrived here and I have to go to Superlight to buy necessaries. I will drop in after." (나는 이제 막 숙소에 도착해서 필요한 걸 사러 슈퍼라이트에 가는 중이에요. 다녀와서 들를게요.)

슈퍼라이트는 버스 터미널 도로 건너편에 있는 대형 슈퍼마켓으로 필수품과 만들어진 요리를 구입할 수 있는 곳이었습니다.

침대 위에 장비를 내려놓고, 방한복을 살펴보고, 트레킹 신발이 발에 잘 맞는지 신어본 후, 가이드북을 보니 킬리만자로에 대한 설렘이 더욱 커집니다.

"I am from Canada, Montreal, My name is Merry." (나는 캐나다 몬트리올에서 왔어요. 메리라고 해요.) 쇼핑을 마친 메리가 찾아와 의자에 앉으며 말했습니다.

"We are from Korea, this is my brother that is my sister, they are my parents, I am Minjung. We are one family." (우린 한국에서 왔어요. 여기는 제 동생들이고, 저분들은 부모님입니다. 저는 민정이라고 하구요. 우리는 한 가족입니다.)

"Really? nice to meet you!" (정말요? 만나서 반가워요!)

"Nice to meet you, too." (저도 만나서 반가워요.)

우린 반갑게 인사를 나누었습니다.

"If it is possible, I would like to climb Killimanjaro with you." (킬리만자로 등반 일정이 맞으면 함께 가고 싶은데요.)

"We're leaving here tomorrow for 6days. To adjust to the high altitude, we'll have to take a break in the middle of the course." (우린 내일 떠나요. 5박 6일 코스죠. 아무래도 민수와 함께 고산에 적응하려면 하루 더 중간 코스에서 머물러야 할 것 같아서요.)

"Sure, let's go together." (좋아요. 함께 가요.)

만난 지 몇 시간이 안 된 낯선 외국인인데도, 우리는 오래 전부터 알았던 사람들처럼 가까워졌고, 킬리만자로 2700m에 위치한 만다라 헛 등반에 대해 이야기하며 무척 들떠서 흥분해 있었습니다.

"What a beautiful day!" (날씨 참 좋죠!)

"Yes. It's a good day to climb a mountain." (예, 등산하기 참 좋은 날이에요.)

반짝이는 검은 얼굴의 마을 주민들이 원색 옷을 입고 벽에 기대어 팔짱을 낀 채 신기한 눈빛으로 우리 일행을 바라보았습니다. 사무실에서 나온 요리사 벤자민은 우릴 보고 싱긋 웃으며, 등반하는 동안 먹을 음식이 든 아이스박스를 차 안으로 옮기고 있었습니다.

"언니! 올라가다가 힘들면 그냥 내려와. 알았지?"

엄마, 현정이와 작별인사를 하고, 차를 타고 모시로 출발했습니다.

드디어 마랑구 게이트 도착. 바로 5박 6일간의 킬리만자로 대장정이 시작되는 곳입니다.

등산화를 조여매고, 족히 50개 정도 되어 보이는 계단을 '이건 이제부터 올라갈 것에 비하면 장난이야.' 라고 생각하며 민수와 가볍게 올라갔습니다. 안내소에 등반 사실을 알리고, 명부에 이름을 적고, 몇 가지 확인을 한 후에 점심을 먹고 가벼운 마음으로 등산을 시작했습니다. 그러나 올라간 지 30분도 안됐는데 숨이 차고 다리가 아파왔습니다.

"와! 누나, 저기 좀 봐! 원숭이다!"

가이드북에는 첫째 날 정글을 지난다고 했는데 원숭이를 보니 신기합니다. 계단이 많이 있어 지팡이가 쓸모 있었지만, 지팡이를 많이 짚고 다녔더니 팔이 저려왔습니다. 다리도 계단을 오를 때마다 조금씩 아파옵니다. '이제 다 왔다, 다 왔다.' 하면서 힘들어질 때마다 '조금만 참자' 라고 자기 최면을 걸었습니다.

캐나다 메리 언니를 따라 거의 도착했을 때 갑자기 현정이와 엄마 생각이 났습니다. 목이 메여 숨을 쉬기가 힘들어 아무리 참으려 해도 참을 수 없어 아빠께 숨쉬기가 힘들다고 손바닥으로 가슴을 두드리자 아빠는 갑자기 왜 그러냐며 물을 주셨습니다. 물을 먹고 나니 한결 나았습니다.

'첫날부터 이러면 안 되지, 나는 킬리만자로 산을 올라가고 있는데, 이런 정신 상태로 끝까지 갈 수 있겠어? 하며 나 자신을 다그쳤습니다.
그 사이 언덕을 넘어간 민수가 "만다라 헛이 보인다!"라고 소리쳤습니다.

킬리만자로 입구인
마랑구 게이트에서

가이드가 싸 준
도시락

캐나다인 메리 언니와
나, 포터

11.
킬리만자로 등반기2 _탄자니아

- 위치 : 아프리카 동부
- 수도 : 다르에스살람(Dar es Salaam),
  도도마(Dodoma)
- 언어 : 스와힐리어, 영어
- 면적 : 94만 2799㎢
- 인구 : 3천 785만 명(2006년 추정)

해발 3700m에 위치한 호롬보 헛

만다라 헛의 아침

첫 날은 만다라 헛(2700m)에 여장을 풀었습니다. 저녁을 먹자마자 졸음이 몰려옵니다. 바로 숙소에 가서 잠을 자려고 했는데, 정신이 말똥말똥해지며, 엄마와 현정이 생각이 났습니다. 불을 끄고 난 후에도 밀려오는 눈물을 닦아내느라 정신이 없었습니다. '민수와 아빠는 엄마 생각도 안나나……' 새벽녘에 몇 차례를 뒤척이다가 잠깐씩 잠이 들었는데, 아빠의 코 고는 소리가 평소와 달라서 큰 일이 나는 것 아닌가 생각도 하고, 코 고는 소리가 끝나고 조용해지자 너무 무서워서 아빠를 깨워야 되는 것 아닌가 하는 생각도 했습니다. 그러다가 아빠가 뒤척뒤척하시자 아빠도 잠이 안 오시는가 보다 하며 안심하고 잠이 들었습니다.

간밤에 여행사에서 빌려준 침낭에는 구멍이 뚫려 있어서 발이 시려워 잠을 제대로 못 잤는데도 불구하고 다음날 아침은 개운했습니다.

오늘은 어제보다 좀 더 오래 걸어야 했지만 어제보다 길이 좋았습니다. 경사도 적고 오르막길과 내리막길이 함께 있어 등산하기 좋았습니다. 4~7시간 정도 걸릴 것이라는 예상처럼 우리는 캐나다 언니를 앞서 보내고 천천히 걸어갔는데 5시간 30분 만에 도착했습니다.

호롬보 헛까지 가는 데는 민수가 먼저 가고 그 뒤를 아빠가 따라가고, 그 다음에 내가 제일 뒤쳐져서 걸었습니다. 민수가 가이드보다 더 빨리 걷자 가이드가 민수에게 "Boss! Boss!" 하며 따라가는 모습이 재미있었습니다.

호롬보 헛(3700m)에 도착하자 구름이 발 아래로 내려다 보였습니다. 우리는 너무 기뻐서 함께 "야호!"를 외쳤습니다.

예상보다 너무 일찍 도착해 양말을 빨았는데, 찬 바람이 많이 부는데도 아랑곳 않고 빨았더니 그 후부터는 머리가 지끈지끈거리고 콧물이 나기 시작했습니다. '설마 이게 고산병은 아니겠지?' 이런 생각을 하고 있는데, 아빠도 뒷머리가 조금씩 아프다며 숙소로 들어왔습니다. 저녁에는 감기약 한 알을 먹고 침낭 속으로 들어가 잠이 들었습니다. 오늘따라 너무너무 현정이와 엄마가 보고 싶었습니다. 가족들, 특히 엄마는 아플 때 생각난다더니, 정말로 그런 것 같았습니다.

꿈속에서 내가 킬리만자로 등반을 끝내고 메루 하우스로 돌아갔는데 엄마가 "민정아!"하며 나를 향해 뛰어 오다가 교통사고가 나는 꿈을 꾸었습니다. 그런 꿈을 꾸고 나자 더 걱정이 되어 흐르는 눈물을 멈출 수가 없었습니다.

하느님께 엄마는 좋은 사람이라고 잘 지켜달라고 기도를 한 후에 잠이 들었습니다. '엄마와 현정이에게는 아무 일도 없을 거야. 쓸데없는 생각을 하다니 바보…….' 나는 나 자신에게 바보라는 말을 몇 번이나 했습니다.

세 번째날 아침부터 아빠가 "오~! 아빠는 현정이랑 엄마가 제일 보고 싶다, 그렇지 민수야? 왜 대답을 안 하니?"라며 큰 소리로 우리를 깨웠습니다. 나는 당연한 걸 물어본다는 생각을 하며 '엄마를 보면 다시는 현정이랑 엄마랑 헤어지지 않을 거야.' 라고 마음속으로 다짐을 했습니다.

모처럼 편한 밤이었습니다. 약을 먹으니 잠이 잘 오고 아침에 깨어보니 기분이 개운했습니다. 어제처럼 타는 것을 막기 위해 선크림을 바르고 있는데, 민수가 허겁지겁 오더니 캐나다 언니가 지금 출발한다고 합니다. 언니에게 행운을 빈다며 우후루 피크까지 꼭 성공하고 오라고, 내일 보자고 했더니 언니가 캐나다 식으로 포옹을 하고 키스를 해주었습니다.

세 번째 날은 고산지대 적응을 하는 날이라 낮에 약 3시간 정도 산책만 하고 쉬었습니다.

네 번째 날이 밝았습니다. 오늘부터는 시간이 빨리 흘러갈 거라고 생각했

호롬보 헛(해발 3700m)

습니다. 호롬보 헛에서 "공새미! 공새미! 공새미! 파이팅!"을 외치고 힘차게
출발했습니다.

급한 오르막길에서도 의지할 곳 없는 달나라 같은 평지에서도 눈 덮인 정
상인 키보 봉을 보며 힘을 내어 걸었습니다. 급한 오르막길에서도 어디에서
힘이 솟았는지, 호흡을 크게 내쉬며 제일 앞장서서 올라갔습니다. 올라가면
서 전망이 좋은 곳에서는 비디오도 찍었습니다.

어제부터 계속 머리가 아프다던 민수는 오늘도 머리가 아프다며 투덜거렸
습니다. 아빠는 민수에게 이제 머리 아프다는 말 좀 그만 하라고 호통을 쳤
습니다. 아빠가 너무한다는 생각이 들었지만, 민수가 혼나는 것을 보고만 있
었습니다.

그때부터 나도 뒷머리가 조금씩 땡기기 시작했습니다. 고산병이 찾아오는
구나 싶어 숨을 크게 내쉬며 한 발짝 한 발짝 천천히 내딛었습니다. 저 멀리
에서 캐나다 언니가 보였는데, 뛰어가 반갑게 맞이할 수가 없었습니다. 우후
루피크 정상까지 다녀왔다며 우리에게도 행운을 빌어 주었습니다. 너무 잘
했다고 하자 언니는 나에게 또 캐나다식 키스를 해 주었습니다.

키보 헛(4700m)에 다다라 숙소에 졸립다는 민수를 재웠습니다. 나도 간
식으로 나온 팝콘을 먹고 잠이 들었습니다. 한 시간 정도 자고 나자 개운한

호롬보 헛 주변 모습

키보 헛으로 가는 길

킬리만자로 정상이 눈앞에 보였다.

느낌이 들었습니다. 저녁은 감자 칩과 소스, 스프가 나왔습니다. 아빠와 민수, 나는 모두 정상에 올라갈 수 있을 거라며 서로를 격려했습니다.

감기약을 한 알씩 먹고 잠자리에 들었는데, 약을 먹으면 잠이 잘 온다는 생각에서였습니다. 그런데 그게 아니었나 봅니다. 머리가 아프다던 아빠는 이제 머리는 괜찮은데, 심장이 심하게 뛴다고 하셨고, 민수와 나는 속이 뒤집혔습니다.

속이 계속 울렁거리는데, 나는 오늘 너무 많이 먹었나보다 하며 대수롭지 않게 넘겼지만, 민수는 참을 수 없었는지 소화제를 먹었습니다. 그리고서 약 10분 후 잠이 들었습니다.

12.
킬리만자로 등반기3 _탄자니아

- 위치 : 아프리카 동부
- 수도 : 다르에스살람(Dar es Salaam),
  도도마(Dodoma)
- 언어 : 스와힐리어, 영어
- 면적 : 94만 2799㎢
- 인구 : 3천 785만 명(2006년 추정)

키보 헛 아래에서 만난 메리언니

“**민**정아! 민정아!” 하는 소리에 잠을 깨보니 아빠와 옆에 가이드가 서 있었습니다.

“민정아! 아빠는 심장이 터질 것 같아서 도저히 참을 수가 없구나! 너는 어떻게 할래?” 하고 묻는 아빠에게 “여기까지 왔고, 아직까지는 이상이 없는데 저는 올라갈래요!”라고 했더니 이번에는 민수에게 물었습니다. 민수는 아빠를 따라 내려가겠다고 했습니다. 그대로 가이드에게 보고했더니 그럼 지금 바로 짐을 싸서 내려가라고 합니다. 지금이 밤 9시인데, 당장 내려가야 하나 생각했지만 아빠의 상태가 심각했나 봅니다.

“민정아! 미안해, 아빠가 함께하지 못해서. 가다가 힘들면 바로 내려와야 해!”

아빠는 가면서 나를 꼭 껴안아 주셨습니다. 민수도 덩달아 눈물을 글썽거리며 “누나, 잘해!” 하며 포옹을 했습니다. 이 말을 남기고 민수와 아빠는 가버렸습니다.

눈물이 나오는 걸 꾹 참고 있었던 터라 나가지도 못했습니다. 문밖으로 아빠와 민수가 나가는 순간 나는 참지 못하고 침낭 속으로 들어가 소리 없이 울었습니다. 아빠가 포기하실 줄은 몰랐는데. 아빠가…….

아빠와 민수를 원망하다가도 '아니야, 아빠. 아빠는 잘못한 거 없어요. 당연히 아프면 내려가야지.' 하며 스스로를 위로했습니다.

밤 11시가 되자 나는 불을 켜고 등산화 끈을 꽉 조여맸습니다. 가이드가 차와 비스킷을 내왔습니다. 뜨거운 물에 커피를 타 마시고, 울렁거리는 속 때문에 비스킷은 하나만 겨우 먹었습니다.

가이드가 춥다며 옷을 모두 입으라고 해서 옷을 모두 껴입고, 모자에 장갑을 끼고 지팡이를 들자 준비가 완료되었습니다. 아빠가 가실 때 깜빡하고 썬크림과 태극기는 안 놓고 가신 게 못내 아쉬웠습니다. 드디어 출발!

가이드의 희미한 손전등 불빛만 따라 어디로 가는 지 방향도 알지 못하고 따라갔습니다. 처음에는 컨디션이 너무 좋아 이대로라면 정상인 우후루피크까지도 문제없이 거뜬히 가겠다고 생각했는데 시간이 지나자 그게 아니었습니다.

겨우 30분쯤 지났을까? 불빛만 보고 가다보니 갑자기 속이 울렁거리면서 더 이상 참을 수가 없었습니다. 결국엔 먹은 것을 모두 토해내고 말았습니다. 먹은 거라곤 커피밖에 없는데…….

그래도 토하고 나니 기분은 한결 상쾌해진 것 같았습니다. 가이드가 바위 위에 앉아서 "How are you?" 라고 묻습니다. 아까보다는 괜찮아졌다고 하자 계속 갈 것인지, 아니면 내려갈 것인지 물어봅니다. 아직 포기하기는 너무 이른 것 같아 계속 가겠다고 망설이지 않고 대답했습니다.

조금 더 올라갔습니다. 10분쯤 지나자 처음과 똑같은 증세가 또 나타났습니다. 결국 또 먹은 것도 없는데 다 토해내고 말았습니다. '휴~, 정말로 지겹다.' '의지할 거라곤 가이드의 손전등과 별빛밖에 없는데 무엇을 의지하

정상을 정복하고 혼자 내려오는 길

고 걸으란 말인가?

　토를 하는데도 공기가 없어서 그런지 구역질이 멎지 않았습니다. 더 토해 낼 것도 없는데 계속 구역질이 났습니다. 별빛을 보며 '이제 그만하자, 이제 그만하자.' 하니 속이 좀 가라앉았습니다. 또 한참을 걸었습니다.

　"어디가 중간이에요?" 하고 가이드에게 묻자 아직 안 왔다고 합니다. 그 말을 듣고 푹 쓰러져 한 5분간 쉬고 나니 온몸이 사시나무처럼 떨려옵니다. '쉬는 동안 추운 거구나. 쉬면 안 되는데.' 하면서도 어쩔 수 없이 쉬게 됩니다. 그런데 이상하게도 포기하겠다는 생각은 전혀 들지 않았습니다. 끝까지 올라가고 말 거라는 자신감에 꽉 차 있었습니다.

　그런데 그 마음도 달라져 버렸습니다. 몇 시간을 더 올라가니 너무 힘들었습니다. 이제는 토를 하려고 해도 나오지 않은 채 울렁거리기만 했고, 가고 싶은데 계속 넘어지고, 쉬면 춥고…… 3번째로 토를 한 순간 가이드는 나에게 내려갈 것을 권했습니다.

나는 길맨스 포인트까지만이라도 올라갈 거라고, 거기까지는 포기하지 않을 거라고 "할 수 있다! 할 수 있다! 갈 수 있다! 갈 거야!"를 수없이 외치며 한 발짝 한 발짝 걸어갔습니다.

가이드가 비춰주는 손전등 불빛을 계속 따라가자 드디어 표지판에 길맨스 포인트라고 써 있었습니다. 길맨스 포인트는 킬리만자로에서 두 번째로 높은 봉우리입니다. "으아~! 다 왔구나."하며 풀썩 주저 앉았습니다.

그런데 그 순간 가이드가 여기는 일출을 보는 장소인데, 조금만 쉬고 바로 내려가자고 합니다. 해가 뜨려면 1시간 정도 남았다는 겁니다. 가이드는 제 걱정이 된 듯이 계속 내려가자고 합니다.

"I will definitely go to Uhurupeak!" (우후루피크까지 갈 거예요!)

가이드가 "Really?" (진심이냐?)라고 묻습니다. 나는 "Really!" 라고 큰 소리로 외쳤습니다.

가이드는 잠시 망설이더니 그럼 가자고 손을 짚어 일으켜 세웠습니다. 정상으로 가는 길은 눈으로 덮여 있었습니다. 아니, 눈이라기보다는 빙하였습니다.

길맨스 포인트까지 왔던 길하고는 정반대로 힘도 하나도 안 들고 오히려 멋있는 경치에 반해 감상하다 보니 너무 수월하게 올라갔습니다. 하지만 머리는 깨질 것 같고 배는 울렁울렁거렸습니다.

"Did anybody die here?" (여기서 죽는 사람이 있어요?)라는 나의 질문에 가이드는 걱정하지 말라고 답해주었습니다. 나는 이걸로 죽지는 않는구나 싶어 힘을 내어 우후루피크까지 나아갔습니다.

마지막 힘을 내어 몇 발자국 내딛었는데 앞에 표지판이 보였습니다. "아! 저기가 우후루피크이구나!" 순간 나의 발은 아프리카에서 가장 높은 5895m의 킬리만자로 정상에 닿아 있었습니다. 나는 가슴이 벅차고 너무나 기쁜 마음에 비디오 카메라로 일출 장면과 만년설, 그리고 우후루피크라는 표지판을 차례로 찍었습니다.

그리고는 "엄마, 아빠! 사랑해요! 민수야, 현정아! 사랑해! 야~호!"라는 외침도 비디오에 담았습니다. 또 아빠의 꿈이었던 킬리만자로의 표범을 큰 목소리로 불렀습니다.(가사는 다 틀렸지만-_-) 드디어 해냈다는 마음에 내려오는 길은 아무것도 아니었습니다. 빨리 호롬보 헛으로 가고 싶어서 발걸음을 재촉했습니다.

가는 길에 멀리서 아빠와 똑같은 사람이 가이드와 이야기를 나누고 있었습니다. 가까이 오는 걸음걸이를 보니 아빠였습니다. 너무너무 반가워 눈물이 나려 했지만 꾹 참았습니다. 우후루피크까지 갔다 온 사람이 이런 일에 눈물을 보이면 안될 거라는 생각에서였습니다.

선글라스를 핑계 삼아 눈물을 겨우 참고 있는데 아빠가 팔을 쫙 벌리고 나에게 다가왔습니다. 너무너무 반가워서 달려갔더니 아빠가 "성공했구나!"라며 꼭 껴안아 주었습니다. 그때 봤던 아빠의 눈에 맺힌 눈물을 지금까지도 잊을 수가 없습니다.

내려오는 길에 킬리만자로 국립공원 입구에서 발행하는 등반 성공 증명서를 받았습니다. 드디어 해냈다는 기쁨과 함께 몸과 마음은 벌써 엄마와 현정이에게로 달려가고 있었습니다.

여행사 사장이 나의 성공을
축하해주었다.

킬리만자로 정상등반 증명서

요리사 존의 아줌마와 아들

엄마, 현정이와 기쁨의 재회.
메리 언니도 함께 했다.

13.

아웃 오브 아프리카와
기린센터 _케냐

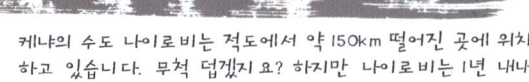

케냐의 수도 나이로비는 적도에서 약 150km 떨어진 곳에 위치
하고 있습니다. 무척 덥겠지요? 하지만 나이로비는 1년 내내
아주 선선하답니다. 이유가 무엇일까요? 네, 바로 1700m의 고
원에 위치하고 있기 때문이랍니다. 아프리카라고 하면 무조건
덥다는 고정관념을 버려야겠지요?

- ●위치 : 아프리카 동부해안
- ●수도 : 나이로비(Nairobi)
- ●언어 : 영어, 스와힐리어
- ●면적 : 58만 2646㎢
- ●인구 : 3천 202만 명(2004년 추정)

아웃 오브 아프리카의 작가 카렌 블릭센의 저택

**탄**자니아에서 세렝게티 사파리와 킬리만자로 등반을 마친 우리는 아루샤를 출발해 버스를 타고 케냐 나이로비로 향했습니다.

케냐에서는 나이로비 한국 대사관에 근무하는 손영민 선생님 댁에서 머물기로 했습니다. 손영민 선생님은 부인과 정은이라는 예쁜 아기가 있었는데, 정은이는 어릴 때부터 현지인 가정부 비트리스가 돌봐 주어서 우리나라 사람보다 흑인인 케냐 사람들을 더 좋아한다고 합니다. 손영민 선생님은 여러 가지 여행 정보를 주었습니다.

다음날 영화로 유명한 '아웃 오브 아프리카'의 작가 카렌 블릭센의 집을 찾아갔습니다. 카렌 블릭센이 7년 동안 생활했던 정원이 아름다운 넓고 평화로운 집에는 그녀의 숨결이 느껴지는 서재와 응접실, 욕실, 무겁고 낡은 다리미와 부엌의 식기들이 그대로 제자리에 놓여 있어, 카렌 블릭센이 세상을 떠난 이후의 시간을 멈추어 놓고 있었습니다.

방 안에는 침대와 가구가 있었고, 생전에 입던 주머니가 많이 달린 7부 바지와 부츠가 금방이라도 주인이 들어와 입을 것만 같이 놓여 있었습니다. 응

카렌 블릭센 저택의 앞뜰

접실에서 바라 본 정원은 카렌 블릭센이 글을 쓰기에는 더없이 좋은 곳이었습니다. 집을 둘러보는 동안 나 역시 평온함과 안정된 여유로움을 느낄 수 있었습니다.

민수와 나는 잔디가 넓게 깔린 정원 벤치에 앉아 맑게 갠 하늘에 뭉게구름이 지나가는 것도 올려다보고 정원을 돌며 산책도 했습니다. 얼굴을 간지럽히는 바람이 싫지 않습니다.

다음 날 기린센터로 향했습니다. 탄자니아에서 이미 세렝게티 초원을 달리며 사파리를 했지만, 케냐 나이로비의 기린센터에서는 기린에게 직접 먹이를 줄 수 있다는 것이 흥미로울 뿐 아니라 무척 기대가 되었습니다.

"Hello, two students." (학생 두 사람이요.)

안내원에게 국제 학생증을 내밀자 기린이 그려진 입장권을 주었습니다. 작은 카페에는 사람들이 시원한 음료수를 마시며 더위를 피해 앉아 있었습니다.

관리인의 안내로 따라가자, 관리인은 나무 막대로 양동이를 두드리며 시끄러운 소리를 냈습니다. 왜 그러나 싶었는데, 잠시 후에 이유를 알 수 있었습니다.

나무가 우거진 숲 위로 기린들의 목이 하나 둘 보이기 시작하더니 이내 앞으로 모여들었습니다. 관리인은 우리 손바닥에 기린 사료라며 딱딱한 덩어리를 잘게 자른 것을 올려 주었습니다. 낮은 담을 사이에 두고 손을 기린에게 내밀면 기린들은 먹이를 먹습니다.

"기린아, 가까이 오렴." 다른 사람들이 하는 모습을 지켜보던 민수가 손을 내밀자 기린은 긴 혀를 내밀어 사료를 혀로 감싸 먹습니다.

"민수야, 어때?"

"누나가 직접 한 번 해 봐. 말로는 표현할 수 없는 느낌이야."

민수의 말에 조금은 겁이 나기도 했지만, 기린 앞으로 손을 쭈욱 뻗었습니다.

'으~'

기린은 천천히 고개를 숙이더니 혀를 쑥 내밀고 먹이를 먹기 시작했습니

기린아, 가까이 오렴~!

기린에게 먹이를 주는 아빠

민수가 손바닥이 간지럽다고
엄살을 떨고 있다.

기린센터에는 기린뿐만 아니라
멧돼지 품바도 있다.

다. 침이 줄줄 흐르고 끈적끈적한 기린의 혓바닥이 닿는 느낌이란 정말이지 상상을 초월합니다. 사료가 손바닥에 한두 개 남아 있었지만, 나는 얼른 수돗가로 달려가 비누로 깨끗이 씻고 옆에 놓인 티슈로 손을 싹싹 닦았습니다.

케냐의 어린 아이들은 많이 해 보았는지, 자기 손에 있는 먹이를 먹으라며 경쟁하듯 소리를 지릅니다. 배가 부른 기린은 다시 숲 속으로 산책을 가고, 품바 식구들은 땅에 흘린 사료를 서로 밀쳐가며 먹습니다.

한 아기가 기린이 오지 않는다며 큰 소리로 울자, 아이의 아빠는 관리인에게 기린은 언제 오느냐고 물어봅니다. 관리인은 옆 창고의 나무 계단을 올라가 사료를 가져다 다시 손바닥에 나누어 주고 양동이를 쳐서 기린을 불렀습니다.

민수는 재미있는지, 팔을 쭉 뻗어 기린에게 먹이를 먹입니다. 나는 망설이다가 사료를 손으로 집어 기린에게 다가갔습니다. 아까보다는 훨씬 익숙해

케냐의 기린

져서 재미있었습니다.

　한국에서는 동물원에서만 볼 수 있던 기린을 케냐 나이로비 기린센터에서는 기린에게 직접 먹이를 줄 수 있다니! 꿈은 아닐까?

　동물의 왕국이기에 가능한 일임을 다시 한번 실감했습니다.

민정

14.
런던에서 만난
해리포터 _ 영국

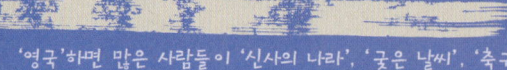

- 위치 : 유럽대륙 서쪽 북대서양
- 수도 : 런던(London)
- 언어 : 영어
- 면적 : 24만 4101㎢
- 인구 : 5천 983만 명(2004년 추정)

'영국'하면 많은 사람들이 '신사의 나라', '궂은 날씨', '축구의 종가' 등을 떠올리겠지만 나는 제일 먼저 '해리포터'가 떠오릅니다. 해리포터의 작가인 조앤 롤링이 영국 사람이기 때문이지요. 하지만 지금은 전 세계의 베스트 셀러가 된 이 해리포터 시리즈도 출간되기 전 12군데의 출판사로부터 거절당한 불운한 원고였다는 사실을 여러분은 알고 있나요?

런던 버킹검 궁의 위병

 **세**계 일주를 떠나기 전 우리 가족은 각자가 한 대륙씩 맡아서 자료조사를 하고 매달 한 번 열리는 가족회의 시간에 조사한 내용을 발표했습니다. 나는 유럽을 맡았는데 그 이유는 해리포터 때문이었습니다.

아마 여러분들도 대부분 해리포터라는 소설을 읽었겠죠? 아니면 영화라도 한번쯤은 보았을 거예요. 저는 해리포터의 광팬이거든요. 해리포터가 한글로 번역되어 나올 때마다 책을 사고 영화도 나오자마자 보았습니다.

바로 그 해리포터를 쓴 작가가 영국 사람이더라고요. 단지 그 이유 때문에 영국에 대해 좀 더 알고 싶었고, 영국은 유럽에 있어서 유럽을 맡게 되었습니다. 특히 해리포터가 영화화되기 시작하면서부터 영국이라는 나라에 대해 굉장히 관심이 많아졌습니다.

그런데, 이게 꿈인가? 생시인가? 정말로 영국에서 해리포터 영화를 볼 수 있는 기회가 주어졌던 것입니다. 2개월 동안 유럽 횡단을 하고 영국 런던으로 다시 돌아온 날 아침, 엄마, 아빠, 현정이는 워털루 기차역에서 기다리기로 하고, 아빠는 약속대로 나와 민수에게 해리포터 영화표를 끊어 주셨습니다. 그것도 영국에서 가장 큰 스크린으로 영화를 상영하는 IMAX영화관에서 말이죠.

"Hi, can I help you?" (어떤 표 드릴까요?)

"Can I get two tickets for Harry Portter?" (해리포터 표 2장 주세요.)

"That'll be 15 pounds." (15파운드입니다.)

"Thank you." (감사합니다.)

아이맥스 영화관에서는 해리포터 외에도 많은 영화들이 상영되고 있었습니다.

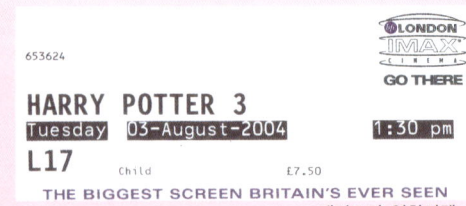
해리포터 영화티켓

설레는 마음으로 영화관에 입장했는데, 우와~ 정말 스크린의 크기가 어마어마했습니다. 영화가 시작되고, 끝날 때까지 한시의 긴장을 늦추지 않으며 영화에 몰두한 우리. 영화가

템즈강과 런던탑 야경

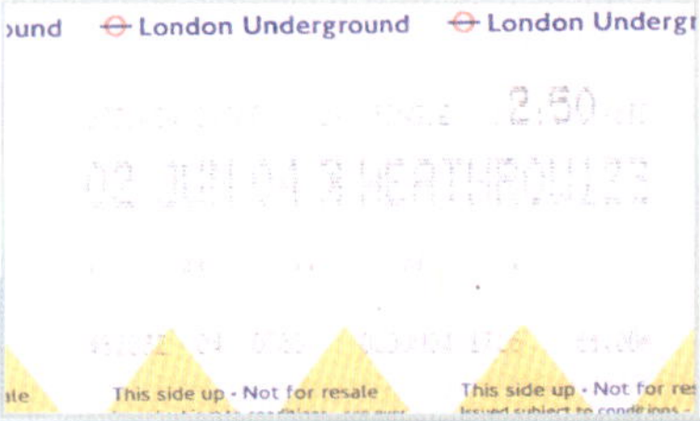

런던의 지하철 티켓,
위는 1일 자유이용권
아래는 1회용

템즈강에서 바라본 런던 시내

끝나고 동시에 말한 한 마디!

"It was English?!" (영어였네?!)

나와 민수는 서로를 쳐다보며 말했습니다. 영화가 너무 재미있어서 푹 빠져 지금까지 우리말 자막이 없는 것조차 의식하지 못하고 있었던 것이었습니다.

자막도 없이 순 영어로 나왔지만, 이미 익숙해진 듯, 모든 뜻을 파악하고 고개를 끄덕거리고 있는 나를 발견하고는 순간 놀랐습니다.

마치 우리말을 듣는 것처럼 이해하는데 전혀 어려움이 없었는데, 그때 깨달은 것이 '영어는 해석하는 것이 아니다.' 라는 것이었습니다.

지금까지 다니면서 많은 외국인들과 영어를 잘하는 한국인을 보았지만, 그들은 대부분 영어를 쓰면서도 자신이 외국어를 쓰고 있다는 느낌을 전혀 가지지 않는 것 같았습니다.

반면에 나는 한 단어 한 단어를 영어로 바꾸어 짜 맞추려고 노력했습니다. 아마 여러분들도 대부분 그런 습관을 가지고 있을 것입니다.

하지만 이제부터는 하나하나 해석하려 드는 것보다는 자연스럽게 영어를 모국어처럼 사용하는 것도 회화 실력을 향상시키는데 좋은 방법이 되지 않을까 싶습니다.

런던의 아이맥스 극장에서 본 해리포터 영화는 나에게 재미와 더불어 영어에 대한 자신감을 주었습니다.

민정

언덕 위의 도시
아크로폴리스 _ 그리스

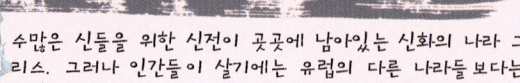

수많은 신들을 위한 신전이 곳곳에 남아있는 신화의 나라 그리스. 그러나 인간들이 살기에는 유럽의 다른 나라들 보다는 더 척박해 보였습니다. 아테네의 언덕에 위치한 '아크로폴리스'는 세찬 바람과 모래 먼지로 눈을 뜨기조차 힘들었습니다.

- 위치 : 유럽 남동부
- 수도 : 아테네(Athenae)
- 언어 : 그리스어
- 면적 : 13만 1957㎢
- 인구 : 1천 124만 명(2005년 추정)

"Γεια σου!" (기아' 수!: 안녕하세요!)

"Do you want a ticket?" (티켓 필요해요?)

"Ticket?" (티켓?) 유니폼을 입은 그리스인이 다가와 누나와 나를 향해 큰 소리로 물었습니다.

"No, we don't want to watch the game. We just want to take a tour." (아뇨. 경기를 관람하려고 온 건 아니에요. 관광을 하려고요.)

"There are lots of people". (사람 엄청나게 많군.)

아테네 시내는 때마침 열린 2004년 그리스 올림픽으로 참가 선수를 비롯한 많은 관광객들로 활기가 넘쳐나고 있었습니다. 경기장 주변에는 만국기가 펄럭이고, 많은 사람들이 경기를 보려고 모여들었습니다. 경기가 시작되는 경기장 앞 매표소 앞엔 긴 줄이 도로까지 이어지고 있었습니다.

"Greece has a very long history." (그리스는 긴 역사를 가지고 있지.) 나는 누나에게 말했습니다.

"세계사의 시작은 그리스 아래쪽, 에게해에 있는 크레타와 미케네 문명으로 시작하잖아."

"맞아. 또한 그리스는 올림픽을 최초로 개최한 나라이기도 하지."

"아! 그래서 그리스가 올림픽 때 가장 먼저 입장을 하는구나."

올림픽은 고대 올림피아제로부터 비롯된 축제입니다. 그리스 로마 신화에 나오는 제우스 신에게 바치는 종교행사의 일종으로 여러 가지 운동경기가 열렸는데, 올림피아에서 열렸다고 해서 올림픽이라 부르게 되었습니다.

국회의사당 앞의 신다그마 광장

아크로폴리스 언덕의 에렉티온 신전

"누나! 그리스의 아테네에 왔는데, 아크로폴리스에 있는 파르테논 신전은 봐야지?"

"Of course!" (두말하면 잔소리지!)

"Let's go to the Acropolis!" (아크로폴리스로 출발!)

"Minsoo! Do you know what Acropolis means?" (민수야, 아크로폴리스가 무슨 뜻인지 알아?)

"'Acro'는 높은, 'Polis'는 도시라는 뜻으로, '언덕 위의 도시', '높은 도시'라는 뜻이잖아."

나는 어깨를 으쓱대며, 가이드북에서 본 내용을 자신 있게 대답했습니다.

"Well, You are better than I expected!" (어쭈! 제법인 걸!)

누나가 놀라는 표정으로 눈을 찡긋거립니다.

도로 양옆에서 나부끼는 올림픽 깃발의 환영을 받으며 아크로폴리스 언덕으로 올라가자 매표소 앞에는 사진을 찍는 사람, 관광객들에게 설명을 해 주는 사람, 상점 앞에서 과자를 사달라고 조르는 아이들까지 많은 관광객들로

파르테논 신전

북적거리고 있었습니다.

표를 끊고 사람들을 따라 좁은 계단을 올라가자 광장이 나오고, 고대 그리스의 정치적, 종교적 중심지로 유명한 파르테논 신전의 웅장한 모습이 시야에 들어왔습니다.

광장에는 먼지바람이 어찌나 세게 부는지 눈을 뜰 수가 없어, 얼굴을 손으로 가리는 사이에 모자가 날아가 버렸습니다. 덩치 큰 멜빵 청바지를 입은 미국인도 거세게 부는 바람에 모자가 멀리 날아가자 얼굴이 빨개져서 중얼거리며 뒤뚱뒤뚱 모자를 주우러 갑니다. 그 모습을 보고 있으려니까 갑자기 웃음이 터져 나왔습니다.

그 사이 내 모자도 벌써 저만큼 날아가고 있었습니다. 모자를 향해 달려가자 금발머리의 소녀가 모자를 주워 건네주었습니다.

"Thank you." 하며 모자를 받아 꾹 눌러썼습니다.

"It's a windy day. Be careful." (바람이 많이 분다. 조심해.)하며 소녀는 어깨를 한 번 으쓱하고는 지나갔습니다.

나는 한 손으로 모자를 눌러쓰고, 파르테논 신전 기둥 앞에 서서 반쯤 입을 벌린 채 신전을 바라보는 누나를 향해 뛰어갔습니다.

"What a nice place!" (야! 정말 멋있다!)

"It's Wonderful!" (멋있어!)

"민수야! 이 파르테논 신전은 기원전 438년, 그러니까 지금으로부터 약 2500년 전에 제2차 페르시아 전쟁을 승리한 도시국가 아테네가 수호신인 아테나를 위해 이 언덕에 지은 거야. 당시 천재조각가라고 불리던 피디아스가 감독을 했고, 15년에 걸쳐 당대의 조각가, 석공 등을 총동원해서 만들어진 도리스 양식의 최고봉이라고 할 수 있지. 자세히 살펴봐. 기둥 하나하나, 문양 하나하나에 예술가의 혼과 손길이 느껴지지 않니?" 아빠가 열심히 설명을 했습니다.

신전의 지붕에는 제우스의 머리에서 아테네가 탄생하는 장면이 조각되어 있었는데, 그것은 아크로폴리스 박물관에 발굴 당시의 유물, 조각품들과 함

아테네 아크로폴리스
입장 티켓

께 전시되어 있었습니다.

우리 가족의 사진을 담당하고 있는 내가 신전 전체의 사진을 찍으려고 뒤로 물러나서 보니, 어 이게 무슨 일?

"누나, 파르테논 신전 대리석 기둥이 약간씩 안으로 굽어 있어 기울고 있는 것 같지 않아? 기둥이 직선으로 된 것이 하나도 없고 무너질 것 같아."

"엄살 좀 그만 부려. 멀쩡한 신전이 왜 기울겠어. 피디아스가 착시 현상을 고려해 설계했기 때문이야. 신전 기둥들은 멀리서 보면 수직으로 보일 뿐 아니라 간격도 일정해. 멀리선 곧게 보이지만 가까이서 보면 기둥 중간은 불룩하고 위쪽이 가느다란 도리스 양식으로 만들었기 때문이지."

어젯밤 파르테논 신전에 대해 열심히 공부한 누나가 한 수 가르쳐 주었습니다.

파르테논 신전은 지금 한창 공사 중이었습니다. 무슨 말이냐고요? 하하. 사실은, 복구 작업을 하고 있습니다.

아크로폴리스 언덕을 내려오면 하드리아누스 문이 있습니다. 하드리아누스 문은 옛 그리스인의 마을과 새로운 로마인 마을과의 경계를 나타냈었습니다. 실제로 아크로폴리스 언덕 쪽에서 보니 그리스어로 번역되어 '이곳은 아테네, 테세우스의 마을'이라고 쓰여 있고, 반대쪽에는 '이곳은 히드리아누스의 마을, 테세우스의 마을이 아니다'라는 글이 있었습니다. 이 문은 히드리아누스 2세에 의해 세워졌다고 합니다.

히드리아누스 문 맞은편에는 또 하나의 거대한 신전 터가 있는데, 바로 올림피아 제우스 신전입니다. 15개의 거대한 기둥이 웅장함을 말해 주는 제우스 신전은 고트족의 침입하기 전에는 파르테논 신전보다 더 웅장했었다고 합니다.

올림피아 제우스 신전에서 아크로폴리스 언덕을 올려다보고 있으니 내가 그리스 아테네에 있다는 게 실감났습니다.

국회의사당 앞의 위병 교대식

시제 현대 미술제 _프랑스

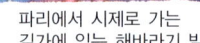

"봉쥬르~"
익숙한 인사지요? 네~ 바로 프랑스 인사말입니다. '프랑스' 하면 어떤 도시가 가장 먼저 떠오르나요? 예술의 도시 파리? 포도주의 도시 보르도? 그렇다면 혹시 프랑스의 시골마을을 생각해 본 적이 있으세요? 지도책에도 나오지 않을 만큼 작은 마을을요.

- 위치 : 서부 유럽
- 수도 : 파리(Paris)
- 언어 : 프랑스어
- 면적 : 54만 3965㎢
- 인구 : 6천 56만 명(2005년 추정)

파리에서 시제로 가는
길가에 있는 해바라기 밭

오늘은 시제라는 작은 마을에서 국제적인 현대 미술제가 열린다고 하여 파리에서 약 400km를 달려 마을을 찾아갔습니다. 300여 가구, 900여 명의 주민이 산다니, 얼마나 작은 동네인지 실감이 나시죠? 하지만, 이런 조그만 마을에서 국제적인 예술제를 개최한다고 합니다.

비엔날레는 2년마다 열리는 국제 미술전인데, 각국 현대 미술의 새로운 동향을 알기 위한 전시회라고 볼 수 있습니다. 시제에서는 세계 7개국의 현대 미술 작가들을 초청했는데, 우리나라 40여 명의 재불 청년 작가도 이 현대 미술제에 초청을 받았습니다.

보통 '미술 전시회' 하면 유리관 안에 그림을 넣어두고 감상하는 지루하고, 재미없는 광경이 떠오르기 마련입니다. 하지만, 시제 현대 미술제는 나의 미술작품에 대한 고정 관념을 바꾸게 했습니다. 한마디로 마을 전체가 미술 작품이었습니다.

미술은 우리와는 동떨어져서 전문가가 아니면 제대로 감상할 수 없다는 선입견을 깨고, 우리의 마음속에 있는, 우리의 자연환경 속에 있는 것들을 고스란히 작품으로 옮겨 놓아 이해하기도 쉬웠고, 재미있게 배우고 감상할 수 있었습니다.

시제마을 전경

마을 곳곳에
설치된
예술품들

청사초롱이 죽 늘어 선 골목을 돌아서려는 찰나, 현정이가 "야아~! 저거 새집 아니야?"하며 성당 쪽으로 뛰어갔습니다.

"높은 나무도 없는데 웬 새집?" 하며 현정이가 가리킨 곳을 봤는데, "어! 정말 새집이네." 마을 집의 붉은 벽돌벽에 나무막대를 촘촘히 붙여 만든 새집모양의 작품은, 한국의 작가가 정성스럽게 쌓아붙인 것인데, 마치 까치집을 연상시켰습니다.

그 둥지를 따라가다 보면 우리나라의 행사장이 나옵니다. 방금 전까지 옆에 있던 민수와 현정이가 사라졌다 했더니, 옆에 있는 시식코너에서 열심히 음식을 먹고 있었습니다. 그런데 이게 웬 한국음식?! 전시장 옆에는 우리나라 음식인 김밥, 떡볶이 등을 시식하는 코너도 마련되어 있었습니다.

"It's really good!" (너무 맛있다!) 외국 사람들도 맛있게 김밥과 떡볶이를 먹습니다. 떡볶이는 꽤 매웠는데, 외국인들이 입을 오므려 호호 불면서, 땀을 흘리며 먹는 모습이 재미있었습니다. 음식 외에도, 한국을 알리기 위한 많은 코너가 준비되어 있었습니다.

소원을 빌기 위한 돌탑을 쌓고, 천하대장군과 지하여장군도 있어서 마치

시제 마을에서의 길놀이

한국 전시관 앞마당

한국 전시관 앞에는 장승이 서 있었다.

자신이 만든 악기를 든 시제마을 어린이 악단과 함께 동네 한 바퀴

우리나라의 시골 마을에 온 기분이 들었습니다.

이곳에서 우리도 한국문화를 알리자는 일환으로 악기를 하나씩 메고 마을의 골목골목을 돌면서 길놀이를 시작했습니다.

"Wonderful! Wonderful!"을 외치며 마을 사람들은 집에 있는 종들을 하나씩 손에 들고 우리의 뒤를 따르기 시작했습니다. 손을 뻗어 박수도 치고, 손을 어깨 위에 얹어 기차를 만들며 휘파람을 불기도 했습니다. 순식간에 마을 전체가 축제의 장으로 변했습니다.

"I have never heard of this kind of music." (나는 지금까지 이런 음악을 들어본 적이 없다.)라며 한 프랑스인이 나에게 다가오더니 신기하다는 듯 꽹과리를 만지다가 "What is the name of this song?" (이 음악의 이름이 무엇입니까?)이라고 물었습니다.

나는 기다렸다는 듯이 "This is the Samulnoli, Korean traditional music." (한국의 전통음악인 사물놀이입니다.)라고 대답했습니다. 더 자세하게 설명하고 싶었지만 영어실력이 부족해서 아쉬웠습니다.

처음 보는 한국의 문화가 너무나 신기하고 재미있었는지 사람들은 다음날 공연을 한 번 더 요청했습니다. 이번엔 꼬마 악단들과 함께 마을을 돌면서

한국 전시관 앞에서의 공연

공연을 하기로 했습니다.

시제는 작은 마을인데도 꼬마들이 정말 많았습니다. 아마도 이웃 마을의 어린이들도 함께 참가했나 봅니다. 모두 유치원생인 것 같았는데, 열심히 악기를 만들고, 자신이 만든 악기들을 연주하면서 마을을 돌아다녔습니다. 물론 우리 가족의 사물놀이 공연도 함께 했습니다.

음료수 뚜껑으로 소리를 내는 아이들도 있고, 우유팩을 연필로 두드려 소리를 내는 아이들도 있었습니다.

"누나, 근사하지 않아? 저 악기들 말이야. 제법인데!" 민수가 아이들이 만든 악기를 보고 말했습니다. 한국에서 이런 악기를 만들었다면 이게 뭐냐면서 핀잔을 들었을 겁니다.

하지만 이곳은 전혀 그렇지 않았습니다. 오히려 사람들은 정말 멋있다면서 칭찬을 아끼지 않았습니다. 어른들의 이런 칭찬들이 아이들을 더 창의적으로 자랄 수 있도록 도와주는 것 아닐까요?

프랑스의 시골마을인 시제에서 즐거움을 나누었던 예술가들과 마을 어린이들은 오래도록 가슴속에 남아있을 것입니다.

민정

알프스 소녀 하이디_ 스위스

여러분! '스위스'하면 무엇이 떠오르나요? 예! 바로 알프스가 떠오를 겁니다. 하얀 눈이 덮인 산과 아름다운 호수, 그리고 그림 같은 초원 위에 양떼들이 풀을 뜯고 있고 그 사이를 아름다운 소녀 하이디가 달려가는 모습이 떠오를 거구요.

- 위치 : 유럽 중부 내륙
- 수도 : 베른(Bern)
- 언어 : 독일어, 프랑스어, 이탈리아어, 레토-로만어
- 면적 : 4만 1284㎢
- 인구 : 752만 명(2006년 추정)

스위스 알프스 전경

스위스 알프스 그린델발트 지역

스위스 하면 알프스, 알프스 하면 스위스가 떠오를 정도로 스위스와 알프스는 떼어 놀래야 떼어 놓을 수 없습니다.

이탈리아의 남부 나폴리에서 로마, 베네치아를 거쳐서 우리는 스위스로 들어갔습니다. 알프스가 가까워질수록 마치 풍경 엽서에서나 볼 수 있는 아름다운 산들이 옆을 스치고 지나갑니다. 아빠는 앞에서 열심히 카메라로 사진을 찍고, 뒷좌석에 탄 나와 민수, 현정이는 한참을 자고 난 후에 차장 밖에 펼쳐지는 시시각각 달라지는 경치를 보며 탄성을 질렀습니다. 우리가 가장 먼저 도착한 곳은 알프스의 눈 덮인 봉우리로 둘러쌓인 아름다운 마을인 그린델발트 캠핑장이었습니다.

파란 잔디밭 어디에선가 하이디가 금방이라도 나올 것 같았고, 설산들이 병풍처럼 둘러싼 주위는 저녁의 부드러운 햇빛에 더욱 평화로워 보였습니다.

나와 현정이는 마치 하이디가 된 것처럼 잔디밭을 뛰어 다녔습니다. 내가 앞서서 달리면 현정이가 뒤를 쫓았습니다. 캠핑장 바로 옆에는 빙하가 녹아 내린 물이 합쳐져서 강물이 되어 흐르고 있었는데, 계곡의 경사가 급해서 세차게 흘렀습니다. 그리고 일반 강물 색깔과는 달리 연한 하늘빛을 띠었습니다.

"이 강물 옆에 텐트를 치자." 아빠는 강 옆의 평평한 잔디밭에 텐트를 치기 시작했습니다. 물론 민수가 옆에서 도와주었습니다. 엄마와 나, 현정이는 저녁 준비를 위해 쌀을 씻고 반찬도 만들었습니다.

엄마가 요리한 저녁 식사를 맛있게 하고 우리는 다시 산책을 나갔습니다. 어둠이 깔려오면서 알프스의 산골마을은 더욱 고요해졌습니다. 밤에 너무 발이 시려서 일어나 보니 엄마와 현정이가 보이지 않았습니다.

"아빠! 엄마와 현정이가 없어졌어!" 깜짝 놀라서 아빠를 깨웠습니다. 민수

그린델발트 캠핑장 옆을
흐르는 강물

U자 협곡의 라우터부룬넨 지역

라우터부룬넨 가는 길에 있는 폭포들

쉴트호른 가는 케이블카에서
내려다 본 알프스 자락

는 침낭 속에 잔뜩 웅크리고서 자고 있었습니다.

"민정아! 엄마랑 현정이는 너무 추워서 차에서 잔다고 갔어." 나는 안심이 됐습니다. 하지만 다시 잠을 자려니 도저히 추워서 잠을 잘 수가 없었습니다.

다음날 아침은 모두 일찍 일어났습니다. 추워서 도저히 늦잠을 잘 수가 없었습니다. 아침 일찍 식사를 하고 알프스 산들의 파노라마를 볼 수 있는 쉴트호른으로 향했습니다.

쉴트호른으로 가는 길에 양 옆이 거대한 절벽으로 둘러싸인 라우터브룬넨이라는 마을을 지나게 되는데 그 절벽은 옛날 빙하의 침식에 의해 만들어졌다고 합니다. 차를 타고 달리다보면 마치 산 하나가 반으로 갈라진 듯 양쪽으로 가파른 절벽이 보이고, 그 절벽 위의 가느다란 폭포에서 물이 마치 비가 오는 것처럼 떨어집니다.

입구에서 표를 구입해서 쉴트호른으로 향하는 관광객들 사이에 끼어 계단을 올랐습니다. 나는 아름다운 알프스의 전원 풍경에 반쯤 넋이 빠져서 "야! 이곳에 사는 사람들은 정말 행복하겠다."라며 혼잣말로 중얼거렸습니다.

1년 내내 하얀 눈으로 뒤덮인 쉴트호른 전망대는 알프스의 전체 모습을 한눈에 내려다 볼 수 있는 전망이 좋은 곳입니다. 쉴트호른으로 가기 위해서는 케이블카를 몇 번 갈아타야 합니다.

케이블카는 먼저 해발 870m의 스테첼베르크를 출발한 후 1370m의 김멜발트에 도착해서 케이블카를 갈아탑니다. 서서히 케이블카 밑으로 그림 동화처럼 예쁜 초록빛 초원과 집들이 내려다보이기 시작합니다.

1640m의 뮈렌으로 가는 케이블카에서는 가파른 계곡과 곳곳에 보이는 스위스 국기들과 마을길이 점점 작게 보입니다. 뮈렌에서 다시 케이블카를 갈아탔습니다. 케이블카의 경사가 심해지면서 이제는 밑을 내려다보기가 무서워집니다. 가파른 계곡을 거슬러 올라가면, 처음 탔던 스테첼베르크가 아주 조그맣게 보입니다. 버그에 내려서 전망대에 서니 알프스 전경이 한눈에 들어왔습니다. 고개를 돌려 위쪽을 보니 팔각형 모양의 쉴트호른 전망대가 보입니다. 케이블카를 갈아탈 때마다 경치가 바뀌었습니다. 고도가 높아질수

록 바위도 많아지고 눈도 많이 보였습니다. 정상에 가까워질수록 더욱 가파라져 케이블카가 흔들리기라도 하면 자욱한 구름 속에 떠있는 케이블카가 불안하게 느껴져서 마음을 졸이기도 했습니다. 바로 발밑엔 바위와 절벽 사이사이로 보이는 얼음조각들과 눈 쌓인 부분이 아래 풍경과는 너무나 달랐습니다. 정상 부분에서 케이블카가 잠시 출렁거리더니 2970m의 쉴트호른 정상에 다다랐습니다. 세계에서 가장 긴 케이블카 여행을 마친 것입니다. 한여름인데도 하얀 눈이 덮인 알프스의 봉우리들이 한눈에 내려다보입니다.

정상은 몹시 추웠습니다. 옷깃을 여미어도 칼바람이 자꾸만 옷 사이를 헤집고 들어왔습니다. 쉴트호른 전망대를 한 바퀴 돈 다음, 케이블카에서 나와 정상 전망대 핏츠글로리아 식당으로 들어갔습니다. 건물벽면이 모두 유리로 되어있고 천천히 회전하는 핏츠글로리아는 원래 007영화 세트장으로 지어졌다고 합니다. 밖의 날씨가 추워 대부분의 관광객들이 식당에서 식사를 하며 알프스의 장관을 구경합니다. 1시간에 한 바퀴 회전을 하기 때문에 1시간 정도 앉아 있으면 모두 구경을 하게 되는 셈입니다.

유리로 된 창으로 보이는 밖의 경치는 정말 근사했습니다. 수많은 봉우리들을 한눈에 볼 수 있었는데 안개가 걷히자 가장 높은 봉우리인 융프라우의 모습과 베르니즈, 아이거 봉우리의 모습이 아득히 멀리 보입니다. 우리는 스파게티와 커피를 시켜놓고 대자연의 멋진 경관에 빠졌습니다.

실내 기념품 가게는 아이쇼핑을 즐기는 사람들이 많았습니다. 진열장에 놓인 007 마크가 새겨진 시계에 자꾸만 눈이 갔습니다.

민정

쉴트호른 정상에 있는 회전식 레스토랑
피츠 글로리아

18.

분단의 상처가
아물지 않은 베를린 _ 독일

● 위치 : 유럽 중부
● 수도 : 베를린(Berlin)
● 언어 : 독일어
● 면적 : 35만 7021㎢
● 인구 : 8천 244만 명(2005년 추정)

"구텐 탁!"

독일에 오신 것을 환영합니다. 독일은 흰 소시지와 맥주가 유명한 나라이지요. 유난히 맥주를 좋아하는 우리 아빠는 이곳에 오기 전부터 손꼽아 기다렸습니다. 오스트리아, 체코를 거쳐 우리는 드디어 독일의 베를린에 도착했습니다. 베를린은 여느 유럽 도시들과 다름없이 오래된 건물들이 많습니다만 멋진 신세대 건물들도 적지 않게 보입니다.

통일 독일의 상징인 브란덴부르크 문

"베"를린은 2차 세계대전이 끝나고 동서 베를린으로 분할되어 있었는데, 옛날 동베를린 땅에는 오래된 건물이 많이 남아 있고, 서베를린에는 최신식 건물이 많이 있지."

아빠가 자세히 설명해 주었습니다.

저기 브란덴부르크 문이 보입니다.

"브란덴부르크 문이다! 나 저거 알아. 옛날 동서 베를린이 나뉘어져 있을 때 저 문을 경계로 나누어졌기 때문에 통일 독일의 상징이 된 거야." 라고 잘난 척을 했더니, 아빠가 옆에서 맞다고 웃으면서 고개를 끄덕여 주었습니다.

"우리도 독일처럼 얼른 통일을 해야 해. 그치?" 나의 말에 누나는 "글쎄? 이미 50년이라는 너무 많은 세월이 지나서 이제는 문화적 차이가 너무 클 것 같은데?"라며 고개를 갸우뚱 거립니다.

"그렇지만, 우리나라만 세계에서 유일한 분단국가라는 것이 부끄럽지 않아?"

"맞아. 정말 그건 그래."

우리는 세계일주 나온 이래로 여러 나라를 다니면서 왜 한국은 아직도 나뉘어져 있느냐는 소리를 들을 때마다 창피한 생각이 들었습니다. 세계에서 유일한 분단국인 우리나라. 그것도 크지 않은 땅덩어리가 두 개로 나뉘어 있어서 세계일주를 나온 이후로는 우리나라를 생각할 때마다 매우 답답하게 느껴졌습니다.

"Can you take a picture for us?" (사진 한 장 찍어주시겠어요?)

"Sure, O.K. One, two, three, smile~." (예, 물론이죠. 자~ 하나, 둘, 셋, 웃어요~.)

"Thank you. Do you want me to take a picture for you?" (감사합니다. 저희도 한 장 찍어드릴까요?)

"Yes! Thank you. Here is the camera." (예, 고맙습니다. 여기 카메라요.)

"One, two, three. O.K good. Are you a family?" (하나 둘 셋!

베를린의 명물–붉은 시청사

우리나라 남북분단이 결정된
포츠담 회담장

지금까지 남아있는
동서베를린 장벽의 일부

찍었습니다. 한 가족이세요?)

"Yes! We are the Gongsaemi family from Korea and we are sailing around the world for one year. We perform Korean traditional music 'Samulnori'." (예, 우리는 한국에서 온 공새미 가족이구요, 1년 동안 세계일주를 하고 있습니다. 그리고 우리는 한국의 전통음악인 사물놀이를 연주합니다.)

또 다시 아빠의 긴 설명이 이어집니다. 여기까지 대화가 끝났으면 얼마나 좋을까요.

"Korea? South or north?" (한국요? 남쪽인가요, 북쪽인가요?) 오늘도 그냥 안 넘어가나 봅니다. 다른 나라를 여행하다 보면 항상 우리에게 남한 사람인지 북한 사람인지 물어봅니다. 이전에 우리나라처럼 분단 국가였던 독일에서 이 말을 들으니 더욱 안타깝다고 아빠와 엄마가 이야기를 나누었습니다.

누나와 나는 브란덴부르크 문 앞에서 마음을 달래보려고 큰 소리로 "우리의 소원은 통~~일"하고 노래를 불렀습니다.

베를린에는 카이저 빌헬름 교회라는 특별한 교회가 있습니다. 원래 독일의 초대 황제인 카이저 빌헬름 1세를 기념하기 위해 세운 교회인데, 지금은 제 눈앞에 보이는 것이 신기할 정도로 처참히 붕괴되어 있습니다. 위의 꼭대기는 어디로 가고 짓다가 만 듯한 이 교회. 도대체 무슨 일이 있었던 걸까요?

제 추측과는 달리 이 교회는 짓다가 만 것이 아니라, 2차 세계대전 때 공격을 받고 파괴되었다고 합니다.

"근데 왜 아직도 저 상태로 놔두고 있는 거지?" 내가 누나에게 물었습니다.

"음…… 글쎄, 무너진 교회가 특별하게 생겨서 기념관으로 쓰고 있나?" 누나도 의아해 하며 대답을 했습니다. "아빠! 이건 왜 이대로 두고 있죠?"

"아 그건, 전쟁의 참혹함을 후세들에게 알려서, 다시는 전쟁을 하지 않도록 그대로 보존해 놓았단다."

"아하. 그런 깊은 뜻이!" 나와 누나는 마주보며 동시에 말했습니다.

무너진 교회 옆에는 새로운 교회가 있었습니다. 세련되게 지어진 새로운 교회 옆의 무너진 교회는 더욱 인상적으로 보였습니다.

동서독일 통일 과정의 모습이 생생하게 남아있는 벽 박물관 밖에는 낙서로 뒤범벅이 된 베를린 장벽 중 하나가 전시되어 있었습니다. 동독과 서독을 갈라놓았던 긴 장벽 중의 한 조각입니다. 그 마지막 남은 장벽 앞에서 우리 가족도 사진을 찍으며 마지막 남은 유일한 분단국가인 우리나라도 통일이 되게 해 달라고 마음속으로 기도했습니다.

2차 세계대전 때 파괴된 후
그대로 보존된
카이저 빌헬름 기념 교회

19.

인류 문화의 보고,
바티칸 박물관 _ 바티칸 시국

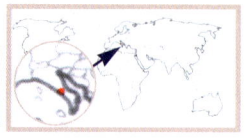

이탈리아의 수도 로마 안에 있는 바티칸 시국(Citta del Vaticano)은 세상에서 가장 작은 독립국입니다. 바티칸 시국에는 성 피에트로 성당(Basilica di San Pietro)과 광장(Piazza), 그리고 바티칸 박물관(Musei Vaticani) 등 유명한 곳이 많이 있습니다.
챠오~ 바티칸으로 출발!

● 위치 : 로마시
● 수도 : 바티칸시
● 언어 : 이탈리아어, 라틴어
● 면적 : 0.44km²
● 인구 : 921명(2005년 조사)

"민 수야, 반바지 차림으로 그냥 오면 어떻게 해."
테르미니 역에 도착해 지하철 표를 끊다가 반바지 차림의 민수를 보고 나무랐습니다.

"아차! 어제 저녁까지 생각하고 있었는데, 늦잠을 자서 서둘다보니 깜박했네." 민수가 난처한 듯 머리를 긁적입니다.

"어서 가서 갈아입고 와!" 아빠의 한마디에 민수는 쏜살같이 숙소로 뛰어갔습니다.

바티칸은 소매 없는 옷이나 배꼽티, 미니스커트, 반바지, 샌들 차림의 복장으로는 입장할 수 없습니다. 아침 일찍 서둘러 왔지만, 바티칸 박물관(Musei Vaticani) 입구에는 벽돌로 지은 높은 성벽을 따라 여러 겹의 긴 줄이 끝없이 이어져 있었습니다.

늘 있는 일이라는 듯 정류장에 서 있는 버스 안의 사람들은 창밖으로 우리를 바라보며 표정없는 얼굴을 하고 있습니다.

"Phew! 너무 더워. 한 시간 반이나 기다렸어."

"여행 스케줄에도 차질이 생기겠는 걸." 여기저기서 투덜거리는 소리가 들렸습니다.

"몇 시부터 입장하나요?" 앞에 선 외국인 관광객에게 물었습니다.

"오전 9시부터 입장하죠. 그리고 오후 3시까지만 입장할 수 있어요."

민수가 갑자기 킥킥거리며 웃더니, "누나, 저 사람들 좀 봐. 경비하는 사람

바티칸 박물관

바티칸 박물관 입장티켓

스위스 근위병

들 말이야. 광대 같은 옷차림인 걸." 빨강 파랑 노랑 천을 길게 붙여 만든 화려한 색의 제복을 입고 서있는 스위스 용병을 보며 말했습니다.

"민수야, 저건 미켈란젤로가 디자인한 제복이야. 옛날부터 스위스 용병들이 교황에 대한 충성심이 가장 강했대. 그래서 근위병은 지금까지 스위스 사람들만 선대. 저 사람들도 스위스 용병이야."

"의리 있는 걸." 민수는 멋쩍어하며, 사람들을 따라 안으로 들어갔습니다. 복장 규율뿐 아니라 보안 검사도 엄격했습니다. 늘 가지고 다니던 맥가이버 칼도 입구에 보관한 후에야 입장이 가능했습니다.

산 피에트로 성당(Basilica di San Pietro) 중앙에 치솟은 아름다운 돔은 미켈란젤로의 걸작품입니다.

"민수야, 산 피에트로 성당은 세계 최대의 성당이래."

"누나, 성당을 지을 때 로마 유적지의 건축자재를 써서 콜로세움도 훼손되었대. 아무리 세계 최대의 성당도 좋지만 유적지를 훼손해 가면서 지은 건 너무한 것 아니야?" 민수가 제법 어른스럽게 대꾸합니다.

성당 안으로 들어가면 청동의 문 오른쪽에 미켈란젤로가 조각한 성모마리아가 죽은 예수를 안고 있는 모습의 '피에타'가 있습니다. 지금은 훼손을 막기 위해 유리관 속에 보관되어 있는데, 피에타는 '자비를 베푸소서'라는 뜻이라고 합니다.

성당 안에는 교황 이노센트 4세의 미이라가 보관되어 있고, 소성당인 11개의 카펠라가 성당 안 곳곳에 있어서 신도들이 긴 의자에 앉아 기도를 하고 있었습니다.

"누나, 저 청동 기둥 좀 봐."

"발타키노는 베르니니의 작품인데 웅장하고 화려하지? 바로크 양식이야. 용이 몸을 뒤틀며 올라가는 모습이래. 이 청동은 판테온에서 뜯어왔대."

"굉장한데."

"제단 아래 교황의 무덤이 돋보이지. 이쪽 제단 앞 지하로 내려가면 지하무덤이 있어."

미켈란젤로의 피에타

바티칸 박물관 내부

"누나, 이 동상은 오른쪽 발가락이 다 닳았어."

"성 베드로 상인데, 발을 만지면 소원이 이루어진다고 믿는 많은 사람들의 손길이 닿아서 그런 거야."

"그럼 나도 소원을 빌고 만져봐야지."

바티칸은 전 세계에서 가장 작은 국가지만, 산 피에트로 광장(Piazza san Pietro)은 30만 명을 수용할 수 있는 세계에서 가장 큰 광장 중 하나입니다. 좌우로 펼쳐진 반원형 회랑 2개의 모양은 사람이 팔을 벌려 누군가를 껴안는 형상으로 사랑이라는 카톨릭의 정신과 일치한다고 합니다.

광장 중앙의 오벨리스크는 깔리굴라가 서기 37년에 이집트 헬리오폴리스에서 가져와 네로황제의 경기장에 오랫동안 방치되었다가 이곳으로 옮겨졌다고 합니다.

오벨리스크 좌우에는 바로크 양식으로 조각된 분수가 하나씩 있고, 오벨

산 피에트로 광장

리스크와 분수 사이 바닥에는 동그란 원이 그려져 있습니다.

"민수야, 이 동그란 원 안에 서서 회랑의 기둥들을 봐봐."

"왜? 어떻게 보이는데?"

"284개의 기둥이 네 줄로 서있었지? 어떻게 보이니?"

"누나, 네 줄로 된 기둥이 한 줄로 보여. 신기한데."

광장을 둘러싼 원기둥으로 된 회랑 윗부분엔 베르니니의 제자들이 제작했다는 140개의 성인상이 있었는데, 하나하나가 모두 훌륭한 예술품으로 손색이 없었습니다.

바티칸 박물관에는 역대 교황들이 수집한 예술품과 보물들이 많이 소장되어 있습니다. 줄을 따라 관람하며 가다 보니 씨스티나 예배당(Capella Sistina)입니다. 교황을 선출하는 장소로 유명한 씨스티나 예배당은 바티칸의 중앙 예배당입니다.

미켈란젤로의 프레스코화인 경이로운 걸작 '최후의 심판(Giudizo Universale)'이 있는 곳이죠. 또한 '천지창조' 천장화도 있는데, 이 그림을 그린 미켈란젤로는 4년 동안 그림을 그리느라 등이 굽고 시력도 많이 떨어졌다고 합니다. 한동안 그림을 바라보기 위해 목을 꺾었더니 고개가 아파 왔습니다. 잠시나마 미켈란젤로의 심정을 이해할 수 있었습니다.

산 피에트로 광장 앞에 있는
유명한 아이스크림 집

20.

모차르트를
찾아서 _ 오스트리아

- 위치 : 유럽 중부
- 수도 : 빈(Wien)
- 언어 : 독일어
- 면적 : 8만 3871㎢
- 인구 : 821만 명(2005년 추정)

음악이 흐르는 땅, 베토벤, 요한 슈트라우스, 슈베르트, 모차르
트 등 위대한 음악가들의 감미로운 음악이 지금도 울려 퍼지
는 음악의 나라, 바로 오스트리아입니다. 이제 내일모레면 그
토록 꿈꿔왔던 오스트리아 빈으로 갑니다. 제가 왜 이렇게 흥
분했는지 아시나요? 네! 바로 우리 가족이 음악을 하는 가족이
고, 제 꿈이 바로 중학교 음악선생님이기 때문이죠. 음악가 중
에서도 모차르트를 가장 좋아하는 거는 하루빨리 수도 빈으로
달려가고 싶어 안달이 났습니다. 그러나 아무리 급해도 순서
가 있는 법, 곧바로 빈으로 들어갈 수는 없죠? 우리 가족은 독
일의 뮌헨을 거쳐 오스트리아로 들어왔는데 처음에 들른 곳이
짤츠부르크였습니다. 짤츠부르크에는 제가 그렇게도 좋아하
는 모차르트의 생가가 있었습니다.

성 마르크스 묘비에 있는 모차르트 묘비

짤즈부르크 거리

"**자!**" 모차르트 생가가 여기에 있는데, 모차르트 광장에서 안으로 쭉 더 들어가야 돼. 이번에는 민정이가 앞장서서 찾아볼래?" 아빠가 짤즈부르크 지도를 펴서 손으로 가리키며 나에게 앞장서라고 합니다.

"헐~! 지도 보는 것은 원래 민수 전공인데……." 나는 과연 찾을 수 있을까 하는 표정으로 지도를 들고 앞장섰습니다.

"그래, 이번에는 민정이가 한번 찾아봐." 엄마도 거들었습니다.

역시 모차르트 하우스를 찾아가는 길은 멀고도 험했습니다. 지도에 의하면 호프집을 지나 골목을 걸어가면 있다고 나오는데 말이죠. 아무리 주위를 둘러봐도 모차르트 얼굴이 새겨진 초콜릿이나 컵 같은 기념품을 파는 가게만 보였습니다. 드디어 발견한 곳은 그 가게 바로 위 2층! 그곳에 모차르트 하우스가 있었습니다.

모차르트…….

어렸을 때부터 음악에 관심이 많았던 나는 사람들이 가장 좋아하는 음악가가 누구인지 물어보면 망설이지 않고 '모차르트!' 라고 대답하곤 했습니

빈에 있는 피가로 하우스

짤즈부르크의 모차르트 하우스

비파를 켜는
언니

다. 지금도 모차르트가 작곡한 많은 작품을 좋아하고, 피아노와 바이올린으로 연주해보곤 합니다. 그 모차르트가 어렸을 때 살았던 곳이라니!

모차르트 하우스에 들어가자 모차르트가 어렸을 때 연주했던 바이올린이 전시되어 있었습니다. 그리고 모차르트 가족들의 사진과 소개, 또 모차르트가 연주했던 피아노와 아버지와 어머니께 보냈던 편지들도 있었습니다. 옆 방에는 편안한 의자가 있고 그 위에는 헤드폰이 걸려 있어서 모차르트의 곡을 감상할 수 있었습니다. 모차르트가 태어난 집에서 모차르트가 작곡한 곡을 감상하다니, 너무 근사하지 않나요?

짤즈부르크에서 모차르트를 만난 우리는 드디어 음악의 본고장인 빈에 입성했습니다.

"여기가 바로 모차르트가 약 3년 동안 살았던 곳인데, 이곳에서 '피가로의 결혼' 을 작곡했다고 해서 피가로 하우스라고 하지." 아빠가 건물을 올려다보며 말했습니다.

빈의 중심에 있는 빈의 상징인 성 슈테판 성당을 돌아서 한참을 헤매다 드디어 찾은 것입니다.

"아휴~, 찾느라 정말 힘들었네. 아니, 이렇게 유명한 곳을 왜 사람들이 모르는 거지?" 엄마는 이곳을 찾으며 몇 사람에게 물어 보았는데, 모두 고개를 절래절래 흔들었던 것을 기억하며 말합니다.

"그러게 말이에요. 여기 사람들은 그 유명한 모차르트에 관심이 없는 건가?" 하며 내가 거들었습니다. 빈에서 며칠을 머물면서 느꼈던 깃인데, 이곳 사람들은 음악가에 대해서 별로 관심이 없는 것 같았습니다. 오히려 외국인인 우리가 더 많이 아는 것 같이 느껴졌습니다.

"빈까지 왔는데 연주회를 안 보고 그냥 갈 수는 없잖아?" 아빠의 제안에 우리들은 "야호~!"하며 환성을 질렀습니다. 빈 중앙에 있는 광장에서는 모차르트 분장을 하고 돌아다니며 연주회 티켓을 파는 사람들이 눈에 많이 띄었습니다.

"How much is the admission?" (입장료가 얼마예요?)

"30 Euro per person." (1인당 30유로입니다.)

"That is too expensive. Can we get some discounts?" (너무 비싸요. 좀 깎아주세요.)

"O.K, 100 Euro for your family." (좋아요. 당신 가족 모두 해서 100유로에 드릴게요.)

"That's good!" (좋아요!)

빈 중심가의 커다란 건물에 있는 모차르트가 6살 때 연주를 했다는 피가로 홀이 오늘의 연주회장이었습니다.

장차 음악선생님을 꿈으로 품고 있는 나와, 노래를 잘하는 현정이의 미래를 위해서도 의미있는 공연 관람일 것 같았습니다.

공연이 시작할 때가 다 됐는데도 불도 안 꺼지고 분위기가 뒤숭숭했습니다. "시간을 잘못 봤나?" 하고 기다리려는데……!

갑자기 소프라노의 높은 목소리가 무대 뒤에서 울려 퍼지더니 무대 앞문에서 알토의 낮은 목소리가 울리는 겁니다. 그러더니 남자와 여자의 다른 톤의 목소리가 조화를 이루며 다투는 듯 달래는 듯 공연이 시작되었습니다. 오랜만에 만난 사랑하는 사람처럼 두 손을 꼭 잡고 노래를 하는데, 실제 상황인 줄 알았습니다. 하하!

나중에야 아는 멜로디가 나와서 "아~, 공연 중이구나!" 하고 생각했지요. 정말 이벤트적인 공연과 멋진 관현악의 조화가 너무 재미있는 공연이었습니다. 끝날 때쯤 공연을 하던 알토로 출연했던 남자 성악가가 현정이에게 모차르트 얼굴이 새겨진 초콜릿을 선물로 주었습니다.

짤즈부르크와 빈의 피가로 하우스, 모차르트 하우스에서 느낀 모차르트의 체취는 오랫동안 모차르트 선율과 함께 가슴속에 남을 것입니다.

민정

연주회 모습

21.

세계 7대 불가사의
피라미드 _ 이집트

● 위치 : 아프리카대륙 북동부
● 수도 : 카이로(Cairo)
● 언어 : 아랍어
● 면적 : 99만 7690㎢
● 인구 : 7천 889만 명(2006년 추정)

여러분! '이집트'라고 하면 떠오르는 게 있죠? 네, 바로 피라미드입니다.
아마도 여러분들 중에 피라미드와 스핑크스의 사진을 보지 못한 사람은 없을 거예요. 한 밑변의 길이 230미터에, 현재 남아 있는 높이만 해도 137미터, 200만 개가 넘는 화강암으로 만들어진 이집트 쿠푸왕의 피라미드는 세계 7대 불가사의 중 단연 첫 번째로 꼽히는 건축물입니다.

피라미드를 호위하는 스핑크스의 위용

멤피스 박물관 입구

피라미드의 원조 계단 피라미드

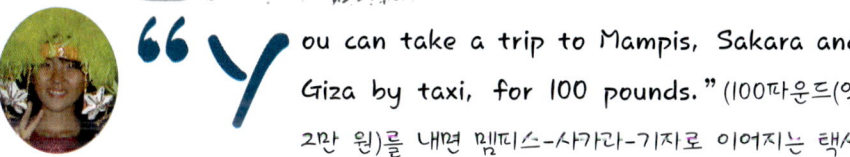

사하라 사막의 시작지점

"You can take a trip to Mampis, Sakara and Giza by taxi, for 100 pounds." (100파운드(약 2만 원)를 내면 멤피스-사가라-기자로 이어지는 택시 투어를 할 수 있죠.) 뚱뚱한 호텔 사장이 몸을 일으키며 아빠에게 다가가서 말했습니다.

"O.K! You means we get a taxi and driver all day long. Are you sure about that?" (택시와 운전사를 하루종일 마음대로 쓸 수 있다는 거죠. 확실하죠?)

아빠는 다시 한 번 확인을 했습니다. 이집트에 온 후에 몇 번을 호객꾼에게 당한 적이 있거든요. 민수와 나는 책에서만 보던 피라미드를 드디어 직접 볼 수 있다는 기쁨에 벌써부터 마음이 들떴습니다. 아침 일찍 일어나서 준비를 하고, 아침 8시에 드디어 우리 가족만의 투어를 출발했습니다. 카이로 시내를 벗어나자 세상이 온통 뿌옇습니다.

"음, 이곳은 우리나라 봄의 짙은 황사처럼 하늘이 무척 뿌옇네." 민수가 어른스럽게 중얼거렸습니다.

"사막의 모래 먼지와 매연으로 카이로의 하늘은 항상 이렇게 뿌옇대." 아빠가 달리는 차 안에서 창문으로 밖을 보면서 대꾸했습니다.

고 이집트왕국의 수도였던 멤피스와 계단 피라미드가 있는 사카라를 거쳐 우리는 드디어 피라미드와 스핑크스가 있는 기자로 향했습니다.

"Minsoo! Look over there. There is a Piramid." (민수야! 저것 좀 봐. 피라미드야.)

멀리서 책에서만 보아 오던 거대한 피라미드가 정체를 드러내자 나도 모르게 큰 소리를 지르고 말았습니다.

이집트 기자에 있는 대표적인 3개의 피라미드. 그 중 가장 큰 쿠푸왕 피라미드는 그 높이가 무려 148m나 됐다고 합니다. 세월이 흘러 지금은 137m로 줄어들긴 했지만 말입니다. 이 피라미드가 불가사의라고 불리는 데는 다 이유가 있습니다. 이 피라미드는 어린이 키만큼 커다란 바위를 무려 200만 개 이상을 쌓아서 만들었기 때문입니다.

도대체 이것을 어떻게 만들었는지 궁금하지 않을 수가 없겠지요? 지금이야 기계가 발달하고, 컴퓨터로 정확히 계산을 해서 만들면 건축물을 몇 년이면 충분히 세울 수 있겠지만 그 옛날에는 기계가 없어서 모두 사람의 힘으로 쌓아 올렸을 것입니다.

이 피라미드 하나를 쌓는 데 자그마치 30년이 걸렸다고 하니, 어찌보면 한 사람의 생애를 바쳤다고 할 수 있습니다.

이 피라미드를 눈앞에서 보는 순간. 그 거대한 피라미드 앞에서, 우리는 더위를 잊은 채 "우와~!"하는 함성만 연발할 수 밖에 없었습니다. 또 피라미드 앞에 떡 버티고 앉아 마치 피라미드를 지키는 듯한 동물도 아니고 사람도

피라미드 중간까지
올라갈 수 있다.

아닌 그 무언가가 있었으니, 그것은 바로 '스핑크스'!

스핑크스는 사람의 머리와 사자의 몸체를 가지고 있었습니다. 이것은 왕자의 권력을 상징하는 모습으로 표현된 것인데, '지평선상의 매'를 나타내는, 태양신의 상징이라고 합니다.

피라미드의 외부를 감상했으니, 이제는 내부에 들어가 봐야겠죠? 피라미드를 밖에서 보는 것에 이어 안으로 직접 들어가 볼 수 있다니, 그 흥분은 이루 말할 수 없었습니다.

그런데, 막상 입구로 진입하는 순간 어둡고 탁한 공기 때문에 앞이 잘 보이지 않았습니다. 수많은 사람들이 줄을 지어서 함께 들어가니 먼지와 사람들의 땀냄새까지 견디기 힘들었습니다. 하지만 곧 냄새와 어둠에 적응이 되자 사람들을 따라 가파른 계단을 내려갔습니다. 미로를 따라 한참을 들어가니 옛날 왕의 관이 놓여있던 자리가 나오고, 벽에는 암호 같기도 하고 낙서 같기도 한 많은 그림들과 상형문자들이 그려져 있었습니다.

가장 눈에 띄는 그림은 늑대의 탈을 쓰고 있지만 사람의 몸을 가진 아누비스라는 죽음의 신이였습니다. 이 그림은 거의 대부분의 벽화에 등장하는데, 저승으로 향하는 문을 열어 죽은 자를 오시리스의 법정으로 인도하며, 죽은 자의 심장을 저울에 달아 생전의 행위를 심판하는 역할을 맡고 있는 신이라고 합니다.

이집트인들은 사람이 죽으면 신이 된다고 생각했고, 그런 믿음으로 인해 이 거대한 피라미드가 탄생한 것이 아닐까요?

택시로 돌아오자 택시운전사가 장난감을 현정이에게 내밀었습니다.

내부를 구경할 수 있는 피라미드

피라미드 내부로 들어가는 입구

"What is this?" (이게 뭐예요?)

"This is for you. It's a camel doll." (내가 현정이에게 주는 낙타인형 선물이에요.)

"Dady! There are two humps on the back. It really looks like camel." (아빠! 등에 혹까지 있어요. 어쩜 낙타와 꼭 같은 모양이네요.)

현정이는 너무 신기해서 이리저리 만져봅니다.

"It's a doll for Egypt children." (이집트 아이들의 장난감이에요.)

피라미드는 밤이 되면 화려한 빛의 쇼가 열려 더욱 환상적인 모습입니다. 피라미드의 불가사의는 언제쯤 풀리게 될까요?

현정이에게 낙타인형을 선물한
택시아저씨와 함께

22.
카이로의 낮과 밤 _이집트

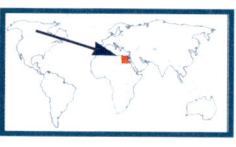

● 위치 : 아프리카대륙 북동부
● 수도 : 카이로(Cairo)
● 언어 : 아랍어
● 면적 : 99만 7690㎢
● 인구 : 7천 889만 명 (2006년 추정)

룩소르에서 수천 년 전에 만들어진 거대한 신전들과 옛날 왕들의 무덤이 있는 왕가의 계곡을 구경한 우리는 이집트의 동쪽 끝 휴양 도시 후루가다로 향했습니다.

"누나 저기 좀 봐! 풀 한 포기 없는 완전히 삭막한 모래 산이야!"

민수가 한없이 이어지는 사막의 산들을 보면서 말했습니다.

"와! 정말이다. 책에서만 보던 사막이라는 게 이런 곳이구나!"

나도 혼자 말처럼 중얼거렸습니다.

후루가다까지 가는 사막 길은 비록 풀 한 포기 없는 황량한 사막이지만 나는 이런 사막을 보는 것을 항상 동경해 왔습니다. 가도 가도 끝없는 모래밭과 바위와 모래로 이루어진 산뿐이었습니다.

룩소르의 왕가의 계곡

이전에 보았던 고운 모래들로 이루어진 사하라 사막과는 달라 보였습니다. 내가 본 바로는, 이집트의 사막지대는 나일강을 기점으로 동부사막과 서부사막으로 나눠지는데 서부사막은 고운 모래로, 동부는 바위산들로 이루어진 것 같았습니다.

지금까지 세계를 돌아다녀 보았지만 한국만큼 자연환경이 사람이 살기에 적합한 곳도 드문 것 같았습니다. 다시 한번 한국에 태어난 것이 정말 행복하다는 생각을 했습니다.

후루가다에서는 그 동안 못했던 수영을 실컷 했습니다. 민수와 현정이도 하루 종일 바다에서 나올 생각을 하지 않았습니다. 사막은 자연스럽게 해수욕장의 백사장이 되었고, 내리쬐는 햇볕 아래서 우리는 살갗이 타는 줄도 모르고 신나게 놀았습니다. 밤이 되니 온몸이 따끔거렸습니다.

우리는 하루 더 이곳에서 놀고 싶었으나 아빠가 빨리 카이로로 가서 그리스 행 비행기를 예약해야 한다며 밤늦게 출발하는 버스표를 예약해 오셨습니다.

다음날 새벽 5시가 조금 넘어서 버스는 카이로 박물관 앞 광장에 도착했습니다. 거리를 배회하다가 체크인(Check-in) 시간까지 도저히 기다릴 수가 없어서 9시경 이전에 묵었던 ISIS호텔로 갔습니다. 다행히 빈 방이 있어서 들어갈 수 있었습니다.

화려한 카이로의 밤

우리가 묵은 방은 15층에 있었는데 카이로 중심부 전경이 한눈에 내려다 보이는 전망이 아주 훌륭한 곳이었습니다. 특히 새벽녘에 보는 카이로 시내 전경은 너무 아름다웠습니다. 하지만 고층빌딩이 즐비한 빌딩가 옆에는 판자집들도 많이 보여서 카이로도 빈부의 격차가 큰 도시라는 것을 한눈에 알 수 있었습니다.

"누나, 저 찌그러진 차 좀 봐. 어떻게 저런 차가 굴러가지?" 기자에 있는 피라미드의 야경을 보기 위해 택시를 타고 가다가 민수가 우리 택시 옆에 달 리는 차를 보면서 말했습니다. 사실 우리 택시도 너무나 오래된 차여서 처음 에는 타기를 꺼려했는데, 옆에 있는 차는 우리가 탄 택시와는 비교도 안 될 정도로 상태가 좋지 않았습니다. 문짝은 완전히 찌그러졌고, 앞 뒤 범퍼는

달릴 때마다 덜렁거렸습니다.

"아마 우리나라였다면 벌써 폐차됐을 거야!"라며 엄마도 한마디 했습니다.

"민정이, 민수야, 아빠는 어제 우리나라에서 30여 년 전에 만들어진 포니 자동차를 이곳에서 봤어. 우리나라에서는 이미 사라진 지 오래된 차를 말이야."

그러나 카이로 시내에는 이렇게 고물차만 있는 게 아닙니다. 벤츠와 BMW 등 최고급 차들도 고물차 옆에서 달리고 있었습니다. 그래서 카이로 시내를 다니다 보면 마치 자동차 박물관에 있는 느낌이 들 정도입니다.

또한 카이로에서는 짓다 만 건물들이 눈에 많이 띕니다. 그런데 이상한 것은 그런 짓다 만 건물 속에서도 사람이 살고 있다는 것입니다. 매우 위험할 것 같은데요.

그래서 호텔 종업원에게 물어 보았습니다. "왜 철근이 삐죽삐죽 나온 짓다가 만 집에서 사람들이 사나요? 위험하지 않은가요?"

"세금을 내지 않기 위해서죠. 아직도 공사 중인 것처럼 철근을 세워 두면 세금을 안 내도 되거든요." 눈이 크고 선하게 생긴 호텔 종업원이 친절하게 설명을 해 주었습니다.

이 종업원은 우리 가족에게 너무 잘해 주어서 우리와 매우 친하게 지내고 있었습니다. 자기에게도 딸이 둘이나 있다면서 특히 현정이를 너무 귀여워해 주었는데, 보기에는 나이도 매우 어려 보였습니다. 며칠 전에 나는 종업원에게 몇 가지 물은 적이 있었습니다.

"How old are you?" (몇 살이세요?)

"I am twenty-eight. I have been married for five years and I have two daughters." (나는 28살이고, 5년 전에 결혼했고, 딸이 둘 있습니다.)

"Really? You are married already?" (정말 벌써 결혼을 했다구요?) 나는 놀라서 다시 물었습니다.

"Yes, It is normal in Egypt, and we are allowed to have multiple wives. My boss has 3 wives." (이곳에서는 보통이죠. 그리고 이곳은 여러 명의 부인을 둘 수가 있죠. 우리 사장님도 부인이 셋인 걸요.)라며 좀 겸연쩍게 웃었습니다.

"It's polygamy. Are you planning to marry again?" (일부 다처제군요. 그럼 당신도 또 결혼할 건가요?) 옆에서 듣고 있던 아빠가 물었습니다. 종업원은 아무 말 하지 않고 웃기만 했습니다.

짓다 만 집처럼 지붕 위가
지저분한 집들

카이로 시내 어디서나
쉽게 볼 수 있는 고물차들

우리가 묵었던 호텔
종업원들과 함께

23

술탄아흐멧 광장에서의
공연 _ 터키

● 위치 : 아시아 대륙 서쪽
● 수도 : 앙카라(Ankara)
● 언어 : 터키어
● 면적 : 77만 4815㎢
● 인구 : 7천 260만 명(2005년 추정)

흔히들 '터키'하면 형제의 나라라고 하는데, 왜 그런 수식어가 붙었는지 아세요? 여기에는 오랜 역사적인 배경이 숨어 있습니다. 터키는 원래 '투르크'에서 나온 말입니다. 그런데 이 투르크는 '돌궐'에서 나왔고요. '돌궐', 어디서 많이 듣던 익숙한 단어 아닌가요? 네, 고구려 주변에 말갈족, 거란족 등 여러 민족이 있었는데, 그중에 하나가 돌궐족이었죠. 그 돌궐족이 고구려와 형제처럼 아주 친하게 지냈다는군요. 그 돌궐족 중에 일부가 서방으로 이동하여 세운 나라가 오늘날 터키의 전신인 '오스만 투르크'입니다. 그래서 터키 사람들은 우리나라를 형제의 나라라고 부른답니다.

이스탄불의 상징인 아야 소피아 성당

　그리스의 데살로니키에서 밤늦도록 올림픽 축구팀 응원을 하고 다음날 아침 일찍 터키의 이스탄불로 가는 기차를 탔습니다. 나는 전날 밤 너무 무리한데다 감기 기운까지 있어서 기차를 타자마자 곯아 떨어졌습니다. 민수와 현정이도 옆에서 새근거리며 잠이 들었습니다. 얼마나 잤을까, 엄마가 깨워서 일어나 보니 터키와의 국경지역이라 입국심사를 해야 한다고 모두 짐을 가지고 내리라고 합니다.

"그냥 기차에서 입국심사 하면 될 텐데, 왜 귀찮게 내리라고 하지?"

졸린 눈을 비비며 불평을 했더니, "민정아! 여기에서 내려서 입국심사를 한 다음, 다른 기차로 갈아타서 가야 해. 모든 짐을 다 챙겨서 내려." 아빠가 열심히 짐을 챙기면서 말했습니다. 그러고 보니 기차에 있는 모든 사람들이 짐을 챙기고 있었습니다.

입국심사를 마치고 한참을 기다렸다가 터키 기차로 갈아탔습니다. 그리스 기차보다는 많이 낡았습니다. 기차를 갈아탄 후에도 한참이 지난 후에 기차가 출발했습니다.

"아빠, 그리스와 터키는 철로도 연결되어 있는데, 왜 관광객이 불편하게 기차를 갈아타야 해요?" 나는 아까부터 궁금했던 것을 아빠에게 물어 보았습니다.

"글쎄, 아빠도 이유는 정확히는 모르지만, 아마도 그리스와 터키가 사이가 좋지 않기 때문일 거야. 역사적으로노 우리나라와 일본처럼 사이가 좋지 않았거든." 아빠의 말에 어느 정도 이해가 되었습니다.

"7시간이면 충분한 거리를 15시간이나 걸렸네!" 밤 12시가 다 돼서야 이스탄불 역에 도착했습니다. 한밤중의 이스탄불의 모습은 정말 신비로웠습니다.

다음날 아침 이스탄불 시내를 구경하려고 숙소에서 나오자마자 앞의 커다란 광장(술탄아흐멧 광장)에 많은 사람들이 북적대고 있었습니다. 앞에는 무대도 보였습니다.

"누나! 우리가 사물놀이 공연을 하면 딱 좋은 무대인데." 민수가 옆에서 말했습니다.

"아빠! 여기서 무슨 축제를 하는 것 같은데, 우리 사물놀이 한번 하고 갈까요?"

"좋지! 네가 가서 한번 알아보렴." 아빠가 내게 말했습니다.

조그만 천막 안 나무 책상에 앉아있는 사람에게 다가가서 물어 보았습니다.

"What's going on? Any festival?" (여기서 무슨 축제가 열리고 있나요?)

"Yes, we are having a festival for tourists. Here is the brochure." (네, 관광객들을 위한 페스티벌이 열리고 있습니다. 여기 안내 책자가 있습니다.)라며 페스티벌 팜플렛을 건네주었습니다.

페스티벌 기간은 15일 정도 계속되는데 그날이 5일째였습니다. 그렇다면 더욱더 공연이 하고 싶었습니다.

"민정아! 그럼 책임자에게 말해야지. 한번 찾아볼래?" 아빠는 아예 이번만큼은 나에게 모든 것을 맡길 눈치입니다.

'까짓것, 한번 부딪쳐 보지 뭐.'

"Who manages all this?" (이 페스티벌 매니저가 누구지요?)

용기를 내서 물었더니, "The manager went home. He will come back at 6 o'clock in the evening." (매니저는 집에 가서 저녁 6시에나 다시 나올 겁니다.)라며 "What's the matter?" (무슨 일이에요?)라며 거꾸로 제게 물어봅니다.

나는 우리가 가지고 다니던 가족 소개서를 보여 주며, "Actually, we want to perform our music in this festival." (사실은 이 페스티벌에서 우리 가족이 공연을 하고 싶습니다.)라고 이야기했습니다. 담당자는 흥미있다는 듯 우리 가족 소개서를 한참을 바라보더니 "I will ask my boss when he comes back. Festival will open at 8 o'clock in the evening. Please come here by 7 o'clock in the evening." (책임자가 돌아오면 말하겠습니다. 축제는 저녁 8시에 시작됩니다. 7시까지 여기로 오세요.)라며 웃으며 말했습니다.

"Thank you, sir." (감사합니다.)

그리스–터키 국경지역.
여기서 열차를 갈아탄다.

공연준비를 하고 있는 우리 가족

술탄아흐멧 광장 공연

술탄아흐멧 광장에서의 공연 _ 터키 153

나는 공손하게 인사를 하고 아빠에게 달려갔습니다.

"아빠, 이따가 7시까지 오래요. 아마도 잘하면 공연할 수 있을 것 같아요"

"와! 이렇게 큰 무대에서 공연을 하면 참 좋겠는데. 아마도 세계일주 나온 이후 가장 큰 무대일 걸." 아빠도 흥분을 감추지 못합니다. 이스탄불 시내를 구경하고 술탄아흐멧 광장으로 갔습니다. 아예 공연 준비를 하고 나갔습니다.

오전의 담당자에게 인사를 했더니 반갑게 맞으며, 안으로 들어오라고 손짓을 합니다. 들어갔더니 책임자인 듯한 몸집이 큰 사람이 앉아서 "Welcome! Come here!" (어서 오세요!) 하며 반갑게 맞아 주었습니다.

"Could you perform your music at the beginning of the festival?" (페스티벌 시작 전에 공연해 주시겠어요?)

"Of course. Thank you!" (물론입니다. 감사합니다!)

나는 뛸듯이 기뻤습니다. 우리 가족은 페스티벌 시작 전인 저녁 7시 반부터 8시까지 30분 동안 커다란 무대에서 신나는 사물놀이 공연을 펼쳤습니다. 1000명이 넘는 관중들이 몰려들었고, 여기저기서 "잘한다! 원더풀!"하는 한국 관광객들의 목소리도 들렸습니다.

이렇게 해서 우리 가족은 이틀 동안 연속으로 술탄아흐멧 광장에서 사물놀이 공연을 했고, 많은 터키 사람들과 만날 수 있었습니다.

우리 공연에
몰려든 관중들

눈이 예쁜
터키 아기와 함께

공연 후 담당자와 함께

24.

신비한 자연 _ 터키

- 위치 : 아시아 대륙 서쪽
- 수도 : 앙카라(Ankara)
- 언어 : 터키어
- 면적 : 77만 4815㎢
- 인구 : 7천 260만 명(2005년 추정)

카파도키아 괴뢰메의 석양

 키의 매력은 가는 곳마다 바뀌는 자연 경관에 있습니다. 특히 카파도키아는 동화 같은 도시였는데 만화 스머프에 나오는 스머프가 사는 마을 같았습니다.

바위에는 신기한 동굴들이 여기저기 뚫려 있고, 동굴 속에는 사람들이 살았던 흔적이 고스란히 남아 있었습니다. 동굴에 아늑한 숙박시설을 만들어 관광객들이 직접 체험해 볼 수 있게 해 놓은 곳도 있었습니다.

나는 호기심이 생겨 한번 들어가 보았는데, 더운 날씨인데도 마치 에어컨을 틀어놓은 듯 시원했습니다. 이 동굴 집들은 옛날 기독교인들이 이슬람의 박해를 피해 살았던 곳이라고 하는데, 교회로 사용됐던 동굴에는 아직도 천장 벽화가 선명하게 남아 있었습니다.

숙소를 잡으려고 동굴을 이리저리 돌아다녀보다가 결국 우리는 일명 '바람의 언덕' 이라는 숙소에 머물게 되었습니다.

"Welcome! Welcome!" 주인인 '바람 아저씨' 가 반갑게 맞아 주었습니다. 이 숙소에는 한국 여행객들이 많이 묵어서 바람 아저씨는 한국인 친구가 많다고 자랑을 합니다. 명함을 한 움큼 가지고 오더니 "These are my Korean friends." (나의 한국 친구들이야.)하며 자랑을 늘어놓습니다.

바람 아저씨는 음식 솜씨도 일품이었습니다. 카파도키아 관광을 끝내고 나서 숙소에 돌아오면 바람아저씨의 끝내주는 요리가 기다리고 있었습니다. 닭 가슴살과 토마토, 그리고 한국인의 입맛에 맞는 매운 고추를 넣고 볶는 요리, 길솜씨와 요리솜씨는 어찌나 빠르던지. 이찌면 그렇게 한국인의 입맛을 잘 아는지, 솜씨만큼 맛도 일품이었습니다.

"Minsoo! Hyunjung! Are you okay?" (민수야! 현정아! 괜찮아?)하면서 현정이와 내게 음식 맛이 괜찮은지 묻습니다. 초등학교 6학년 아들과 현정이 만한 딸이 있는 아저씨는 나와 현정이를 많이 생각해 주었습니다.

거기다 서비스로 들려주는 바람아저씨의 사스연주 또한 일품이었습니다. 사스는 터키 전통 악기인데, 배가 불룩 나온 기타처럼 생겼습니다. 해금 같기도 하고요.

줄을 튕기면 소리가 났는데, 가끔씩 통을 쳐서 소리를 내기도 했습니다. 아저씨가 사스를 연주하는 모습이 너무 좋아 나도 한번 배워보고 싶다고 했더니, 열심히 가르쳐 주셨습니다. 하지만 쉽지가 않았습니다.

카파도키아 투어는 하루 동안 지프차를 빌려서 하기로 했습니다. 생각했던 것보다 훨씬 아름다운 광경이 곳곳에 숨겨져 있었습니다.

"누나! 저기 봐. 어떻게 바위가 저렇게 생겼을까?" 나는 버섯같이 생긴 바위를 보며 너무나 신기해서 누나에게 말했습니다.

"글쎄! 사람은 아무리 노력해도 저렇게 못 만들 거야. 정말 너무 신기하다." 누나도 감탄을 합니다.

"오빠! 저기 낙타처럼 생긴 바위 보여?" 이번에는 현정이가 너무 신기한 듯 소리를 지릅니다. 하루 종일 돌아다녔는데도 가는 곳마다 신비로웠습니다. 해가 저물 때 장밋빛을 띠는 루즈벨리 언덕은 마치 모래 언덕 같았고, 모두가 우리나라에서는 볼 수 없는 것들이라 더 신기했습니다.

저녁에는 카파도키아의 전통음식인 항아리 케밥을 먹으러 갔습니다. 조그

동굴 교회의 벽화들

사스를 연주하는 바람 아저씨

항아리 케밥,
아까운 일회용 도자기

낙타바위

UÇHISAR BELEDIYESI KALESI
ÖĞRENCİ GİRİŞ BİLETİ: 1.000.000 TL.
(K.D.V. Dahildir.)
Ç.O.B Doğa Koruma ve Milli Parklar Genel Müdürlüğü

• KAPADOKYA'YI KORUYALIM VE TANITALIM
• SAVE AND ADVERTISE CAPPADOCIA

№ 01876

카파도키아 우치사르 언덕의
입장 티켓

만 항아리 속에 케밥 재료를 넣고 불로 끓인 다음, 항아리 째로 손님들의 테이블에 놓습니다. 과연 어떻게 할까 하고 궁금했는데 항아리를 망치로 퍽하고 깨 버립니다. "아까워라~!" 항아리를 한 번 요리하고 깨버리다니, 누나와 나는 아깝다고 아쉬워했습니다. 하지만 항아리 속의 케밥의 맛은 일품이었습니다. 터키 음식은 우리 입맛에 잘 맞아서 터키에서만큼은 먹는 걱정을 할 필요가 없었습니다.

카파도키아에서 신비한 자연을 접한 우리는 다시 야간 버스를 타고 파묵칼레라는 곳으로 이동했습니다. 이곳 또한 신비함으로 따지면 카파도키아에 뒤지지 않는 곳이었습니다.

마치 눈처럼 눈부신 하얀 석회석 위로 따뜻한 온천물이 흐르는 곳인데, 한낮에는 눈이 부셔서 눈을 뜨기조차 힘든 곳입니다. 여기저기서 수영복만 입고 다니는 사람들의 모습을 볼 수 있었습니다. 온천물에 몸을 담그면 하얀 석회석이 뽀얗게 일어났는데, 마치 밀가루를 부어놓은 듯한 느낌이었습니다. 파묵칼레 뒤에는 옛날 로마시대의 히에라폴리스 유적이 남아있고, 원형 경기장의 모습이 가장 인상적이었습니다.

신기한 자연 환경과 더불어 로마 시대의 유적지까지, 파묵칼레는 볼 것이 너무 많습니다.

며칠 더 묵으면 좋겠는데 아빠가 다음 행선지인 셀죽으로 가야 한다며 버스표를 끊어 왔습니다.

민수

카파도키아의 바위들

파묵칼레 야외 온천 지역

25.

세계의 청소년들이 꿈꾸는
하버드 대학 _ 미국

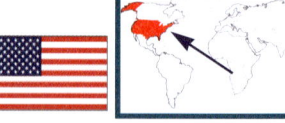

자유와 번영의 나라 미국! 저는 '미국'하면 가장 먼저 영어가
떠오르고, 하버드, 예일 등 유명한 대학의 이름들도 떠오릅니
다. 미국을 여행하면서 가장 인상적이었던 것은 관람객들이
직접 체험을 할 수 있는 거대한 규모의 박물관들이었습니다.

● 위치 : 북아메리카 대륙
● 수도 : 워싱턴(Washington D.C.)
● 언어 : 영어
● 면적 : 951만 8323㎢
● 인구 : 3억 115만 명(2007년 추정)

보스턴에 있는 매사츄세츠 주 의사당

하버드 대학 내의 하버드 야드

우리가 뉴욕에서 보스톤으로 온 가장 큰 이유는 바로 하버드 대학을 직접 보기 위해서였습니다. 나는 언젠가는 꼭 하버드 대학에서 공부를 해 보겠다는 꿈을 이번 세계일주를 하면서 꾸게 되었습니다. 하버드 대학교는 매사츄세츠 주 캠브리지(Cambridge) 시에 있습니다.

캠브리지 시에는 영국의 대학 도시 캠브리지처럼 하버드대와 MIT라는 미국에서 가장 유명한 대학들이 있습니다. 오늘 관광의 시작은 하버드 대학입니다.

"Let's go to Harvard university." (자, 출발! 하버드로!)

매사츄세츠 애비뉴(Massachusetts Avenue)의 보스턴 도심을 따라 가까운 타운까지 이어진 길을 걸어 하버드 대학교에 도착했습니다. 하버드 대학은 캠퍼스가 넓어 하나의 도시나 마찬가지였습니다. 하버드 대학 구내에서는 하버드 대학 지도를 따로 팔고 있을 정도였으니까요. 지도를 좋아하는 아빠가 그냥 지나칠 리 없죠.

"Do you have a campus map? I would like to buy one." (하버드대 지도 있습니까? 하나 사고 싶은데요.)

관광 안내소에 앉아있는 여자 점원에게 아빠가 말을 걸자, 점원은 "Two

하버드 대학 구내

하버드대 도서관 앞

Dollars." (2달러요.)라며 지도를 건네주었습니다.

우리는 자세한 설명이 나온 지도를 번갈아 보면서 캠퍼스 안으로 들어갔습니다.

하버드 대학교의 교훈은 진리(Veritas)입니다. 1620년 102명의 영국 청교도단과 필그림파더스(Pilgrim Fathers)가 메이플라워(Mayflower)호를 타고 보스턴 근처의 프리머스(Plymouth)항에 도착한 지 16년 후에 교수 한 명과 9명의 학생이 보스턴에서 수업을 시작한 것이 하버드 대학의 시초라고 합니다.

하버드 대학교는 1636년 존 하버드(John Harvard)의 이름을 따서 창립되었는데, 명문대답게 그 동안 7명의 미국 대통령과 40명이 넘는 노벨상 수상자를 배출했다고 합니다. 캠퍼스 내의 붉은색 벽돌 건물들은 울창한 나무가 우거진 숲과 조화를 이루며 조용히 자리잡고 있었습니다. 특히 하버드 야드라는 빨간색 벽돌 건물로 둘러싸인 가로 100m, 세로 100m 정도 크기의 숲은 아름드리 나무들과 잔디가 아름다웠습니다.

캠퍼스 잔디 사이로 쪼르르 달리기를 하는 다람쥐는 사람들에게 가까이 다가와 앞발을 모으고 서 있다가는 나무 위로 금세 올라갑니다.

잠시 빗방울을 뿌리던 하늘은 비를 머금은 회색빛 구름을 재빠르게 다른 곳으로 밀어내고 있습니다.

우리는 우산을 접고 하버드 대학 도서관 앞에 섰습니다. 하버드 대학의 도서관은 미국 최초의 대학 도서관이자 전 세계에서 가장 많은 책을 보유하고 있다고 합니다. 그리고 도서관에는 타이타닉호에 탔던 하버드대생을 기리기 위해 건립했다는 문구가 보였습니다. 엄마와 현정이가 보이지 않아 여기저기 찾아보니, 하버드 야드에 우산을 깔고 앉아 하버드대 도서관을 열심히 스케치하고 있었습니다.

나는 민수에게 "민수야, 하버드 도서관을 찾는 많은 하버드생들이 타이타닉호에 탔던 선배 생각을 할까?"라고 물었더니, 민수는 시큰둥하게 "그건 왜 물어봐?" 하고 대꾸를 합니다.

존 하버드 동상

"아니 그냥, 하버드에서 꿈을 이루지 못한 선배를 생각하며 더 열심히 공부할 것 같아서."

"그건 그래. 참, 누나가 타이타닉호를 얘기 하니까 난 영화가 생각나. 마지막까지 기울어진 배의 갑판 위에서 중심을 잃지 않으려고 애쓰며 연주를 하던 연주자들의 모습 말이야."

"그래, 나도 그 장면은 감동이었어. 타이타닉호에 탔던 하버드생은 어땠을까?"

"아마 자신의 삶이 끝이라는 생각은 하지 않았을 것 같아. 만약 했다면, 너무 아쉬워했을 테니까. 모르긴 해도 꿈이 많지 않았겠어? 우리들처럼."

"그래, 그랬을 거야. 여행은 참 많은 것을 주는 것 같아. 우리가 하버드 대학에 와 볼 수 없었다면, 하버드에 들어올 꿈이나 꾸겠어?"

"누나, 잠깐만. 저쪽에 학교 식당이 있나봐. 사람들이 햄버거를 들고 나오잖아. 누나는 배 안고파?"

어째 점심때가 한참 지났는데 배고프다는 소리 없이 조용하다 했더니만

찰스강 앞에서

민수는 벌써 작은 도로 건너의 건물로 뛰어가고 있었습니다. 금강산도 식후경이라 했던가요.

민수는 커다란 바게트 햄버거와 우유로 배를 채우더니, "자 이제부터 본격적인 하버드 대학 탐방에 들어가 보실까요?" 하며 앞장섰습니다.

하버드 대학교의 옆문으로 들어가면 하버드 대학교를 세운 존 하버드 (John Harvard)의 동상이 있는데, 동상의 왼쪽 발을 쓰다듬으면 하버드 대학에 붙는다는 설이 있어 수많은 사람들이 만진 왼쪽 발만 색이 변해 있었습니다. 당연히 민수와 나도 차례를 기다렸다가 쓰다듬었습니다.

하버드 대학 메인 캠퍼스 안에는 세계 전쟁에 참전했던 학생들을 기리기 위해 지어진 교회도 있었습니다. 메인 캠퍼스에서 벗어나 다른 곳을 둘러보기로 했습니다. 하버드 대학의 또 다른 캠퍼스는 찰스강 건너편에 자리 잡고 있었습니다. 메인 캠퍼스에서 찰스강 건너편에 자리 잡고 있는 캠퍼스로 가기 위해 걷는 길은 JFK 스트리트로, 이 길은 보스턴 출신 하버드 졸업생인 존 F.케네디 (John F. Kennedy) 대통령의 이니셜을 따서 지었다고 합니다.

26.

독립의 근원지,
필라델피아 _ 미국

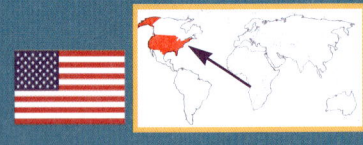

- 위치 : 북아메리카 대륙
- 수도 : 워싱턴(Washington D.C.)
- 언어 : 영어
- 면적 : 951만 8323㎢
- 인구 : 3억 115만 명(2007년 추정)

필라델피아 시청 타워

철강의 도시 피츠버그에서 며칠을 보낸 후, 우리는 필라델피아를 향해 출발했습니다. 가도 가도 끝없이 이어지는 울창한 숲과 드넓은 평야지대를 하루종일 달려서 목적지인 미국 독립의 근원지 필라델피아에 도착했습니다. 긴 시간 동안 렌터카의 좁은 뒷자리에 앉아 있으려니까 몸이 근질거려서 참을 수가 없었습니다. 이제 세계일주를 떠난지도 8개월이 지나가는데 아직도 좁은 자리에 오래 앉아있기가 너무 힘이 듭니다.

200년이 조금 넘는 미국 역사에서 아마도 역사책에 가장 많이 나오는 도시가 필라델피아일 것입니다. 미국 독립의 역사가 고스란히 보존되어 있는 곳으로, 그 중에서도 가장 유명한 인디펜던스 국립공원은 생생한 역사의 현장을 그대로 보여 주고 있었습니다.

우리가 역사 시간에 많이 들어서 익히 알고 있는 조지 워싱턴, 벤저민 플랭클린, 토머스 제퍼슨 등 인물들의 활동무대가 바로 필라델피아였는데, 그 사람들의 흔적이 그대로 남아있는 곳이 바로 인디펜던스 국립역사공원입니다.

"아빠! 국립공원하면 보통 산 아닌가요? 설악산 국립공원, 한라산 국립공원처럼요. 그런데 이곳은 그냥 시내 한복판을 왜 국립공원이라고 하죠?" 내가 궁금하던 것이었는데, 마침 민수가 아빠에게 물었습니다.

"그렇지, 보통 국립공원하면 자연경관이 뛰어난 곳을 많이 지정하지. 그건 미국도 마찬가지야. 미국에 있는 많은 산들이 국립공원(National Park)으로 지정이 되어 있어. 하지만 이곳 필라델피아에 있는 미국독립과 관련된 건물과 지역을 아예 국립공원으로 지정해 놓은 것은 이 지역이 미국 사람들에게 그만큼 중요하다는 의미가 되겠지."라며 아빠가 자세히 설명을 해 주었습니다. 비록 역사는 짧지만 미국 사람들의 역사에 대한 생각을 읽을 수 있을 것 같았습니다.

필라델피아의 중심부에 위치한 인디펜던스 국립역사공원은 말 그대로 커다란 공원에 역사적인 건물들이 여기저기 흩어져 있었습니다. 먼저 영국의

제1회 대륙회의가 열렸던
카펜터스 홀

압제에 대항하여 1774년 9월에 제1회 대륙회의가 열렸던 역사적인 장소인
카펜터스 홀을 방문했는데, 크지 않은 건물이었지만 외관에서 위엄이 풍겼
습니다.

내부에는 당시 회의실과 의자들이 그대로 보존되어 있었고, 벽에 있는 그
림들을 통해서 당시에 어떤 사람들이 그 의자에 앉았는지 추측을 할 수 있었
습니다.

이어서 미국의 초대 대통령인 워싱턴의 동상이 서 있는 인디펜던스 홀로
갔습니다. 인디펜던스 홀 옆에는 유리로 둘러싸인 건물이 있는데, 바로 이
건물이 미국의 자유를 상징하는 Liberty Bell(자유종)이 있는 곳입니다. 독
립 선언 당시 울려 '자유의 종'이란 명칭을 갖게 되었는데, 후에 균열이 생
겨 1846년부터는 그 소리를 들을 수 없게 되었다고 합니다.

인디펜던트 국립역사공원을 다 둘러보려면 거의 반나절이 걸리는데, 자동
차를 주차하는데 문제가 생겼습니다. 필라델피아 중심부에서는 길거리에 주
차를 하려면 코인을 넣고 2시간만 주차할 수 있었습니다. 따라서 두 시간이
넘으면 계속 돈을 채워 주어야 했습니다. 처음엔 동전을 넣으면 몇 시간 동

미국 독립의 상징
인디펜던스 홀

프랭클린 과학박물관

안 되는 줄 알고 동전을 마구 넣었는데, 한 번에 2시간 이상으로 설정이 안
된다는 것을 깨달았던 것입니다. 그래서 민수와 나는 구경을 하다가 2시간
마다 왔다갔다 하며 열심히 달려가서 동전을 넣어야 했습니다.

"아빠! 그런데 이곳은 왜 프랭클린이라는 단어가 들어간 곳이 이렇게 많아
요? 이 프랭클린이 벤자민 프랭클린인가요?" 궁금해서 아빠에게 물어 보았
습니다. 필라델피아로 온 후로 '프랭클린 거리', '프랭클린 다리', '프랭클
린 박물관' 등 프랭클린이라는 단어를 많이 보아 왔습니다.

"그럼! 벤자민 프랭클린이 맞지. 벤자민 프랭클린은 미국 독립에 있어서
가장 큰 공헌을 한 사람이라서 지금까지도 미국 사람들에게 가장 존경받는
사람 중 한 사람이야. 혹시 100달러짜리 화폐에 들어간 인물이 누군지 아
니? 바로 벤자민 프랭클린이야."

"벤자민 프랭클린이 미국의 독립 시기에 이곳에서 많은 활동을 했기 때문
에 벤자민 프랭클린을 기리기 위해서 그 이름을 딴 것들이 많은 거지." 라며
아빠는 설명해 주었습니다.

둘째 날에는, 힘들어하는 엄마와 현정이는 숙소에 남겨두고 아빠, 민수와 함께 프랭클린 과학박물관을 찾았습니다. 민수가 좋아하는 우주나 과학과 관련된 전시물들이 박물관 안을 꽉 채우고 있었습니다. 가장 좋았던 것은 보통 과학 박물관과는 달리 이 박물관에서는 직접 체험해 볼 수 있도록 해 놓았다는 것입니다. 원리를 직접 이해할 수 있도록 말이죠.

특히 박물관 안쪽에 우리 몸의 혈액순환 단계를 순서대로 전시해 놓은 전시품은 정말 재미있고, 머릿속에 쏙쏙 들어왔습니다. 박물관 내부도 굉장히 커서, 반나절 만에 겨우 모두 관람할 수 있었습니다.

'이런 박물관이 우리나라에도 있으면 과학이 훨씬 재미있을 텐데.' 하고 혼자 생각을 해 보았습니다. 박물관에 전시된 체험기구들에 정신이 팔려서 나갈 생각을 하지 않는 민수를 데리고 밖으로 나왔습니다.

프랭클린 과학박물관을 나온 우리는 필라델피아 이곳저곳을 걸어다니며 구경을 했는데 필라델피아 거리는 매우 아름다웠습니다. 걷다 보니 강을 건너서 펜실베니아 대학까지 가게 되었는데, 바로 이 대학의 창립자도 벤자민 프랭클린이라고 합니다. 역시 필라델피아는 프랭클린의 도시라 할 만했습니다.

미국의 다른 대학들과 마찬가지로 녹음에 둘러싸인 캠퍼스가 아름답고 조용했는데, 우리는 셋이서 대학 구내를 한 시간 정도 산책을 했습니다.

"민정아! 이런 대학에서 공부하고 싶지 않니?" 아빠가 앞서 가다가 뒤돌아서면서 물었습니다. "당연히 하고 싶죠. 조금만 세계일주를 빨리 했으면 더 좋았을 텐데."

"아니야! 늦었다고 생각될 때가 가장 빠를 때야. 세계일주 마치고 난 후에 한번 도전해봐! 대학이 안 되면 대학원이라도."

아빠의 이야기를 들으니 정말 모든 것이 가능할 것 같았습니다.

민정

프랭클린 과학박물관
로비에 있는 프랭클린 동상

프랭클린 과학박물관
입장 티켓

각종 체험을 할 수 있는
과학 박물관

펜실베니아 대학 구내

존슨 오빠를 찾아서 _ 캐나다

캐나다는 미국 위에 있는 나라로, 땅덩어리는 러시아 다음으로 세계에서 두 번째로 큰 나라입니다. 하지만 인구도 많지 않고 경제도 미국에 거의 의존하는, 덩치에 비해서 별 볼일 없는 나라라고 생각하기 쉬운데, 이에 대한 캐나다 사람들의 자존심은 대단히 강했습니다. 그들은 미국 사람들과 동일하게 취급당하는 것을 몹시 싫어했습니다.

- 위치 : 북아메리카 대륙 북부
- 수도 : 오타와(Ottawa)
- 언어 : 프랑스어, 영어
- 면적 : 998만 4670㎢
- 인구 : 3천 262만 명(2006년 추정)

몬트리올 전경

우리가 세계일주를 하면서 가장 많이 만난 여행객이 캐나다 사람들이었습니다. 미국 여행객들은 한 번도 만난 적이 없었지만, 캐나다 사람들은 수없이 많이 만났습니다.

미국에서 캐나다 국경을 넘으면서 간단한 입국절차를 밟았습니다. 상냥한 말씨에 웃음 띤 얼굴의 입국 심사하는 언니부터가 마음에 들었습니다.

"We are from Korea, and we are sailing around the world for one year."(우리는 한국에서 왔고 1년 동안 세계일주를 하고 있습니다.)라고 언니에게 먼저 말을 걸었습니다.

그 언니는 놀란 표정으로 눈이 휘둥그레지며 "Fantastic! Fantastic!"을 연발하며, "How long are you going to stay here?"(얼마나 오래 머무실 거예요?)라고 물어봤습니다.

"Four days!"(4일이요.)라고 대답하자 언니는 "Why do you stay in Canada only for four days?"(왜 캐나다에는 4일만 머무르세요?)라며 애교섞인 불만을 이야기 했습니다.

대답할 말이 갑자기 생각나지 않아서 "If we like it here, we are going to stay longer."(지내봐서 좋으면 더 오래 머물 거예요.)라고 임기응변으로 대답했습니다.

그 언니는 "Have a good time in Canada!"(캐나다에서 좋은 여행 되세요!)라며 건물을 나오는 우리에게 손을 흔들어 주었습니다.

"민수야! 캐나다에 오니 뭐 생각나는 게 없니?" 입국신고를 하고 렌터카로 걸어오면서 넌지시 민수에게 물었습니다.

"글쎄, 나는 단풍 국기가 좋던데."

"아니! 국기 말고 생각나는 사람 없어?" 내가 다시 다그쳐 물었습니다.

"아! 존슨! 그렇지, 캐나다 몬트리올이었지." 라며 손뼉을 칩니다.

우리가 만난 캐나다 사람 중에서 가장 기억에 남는 사람은 아프리카에서 만난 존슨과 메리였습니다.

존슨은 잠비아에서 탄자니아로 가는 탄잔열차 안에서 2박 3일을 함께 했고, 그 이후 탄자니아의 아루샤에서 우연히 만나서 세렝게티 초원의 사파리를 같이 하면서 더욱 정이 들었습니다. 특히 나와 민수, 현정이와 정이 많이 들어서 헤어진 후에도 우리는 가끔씩 존슨과 함께 있었던 일을 이야기하곤 했습니다.

존슨은 이곳 캐나다 몬트리올의 맥길 대학에서 MBA과정을 밟고 있는 대학원생이었는데, 남아프리카 대학에 교환 학생으로 6개월 파견 중에 여행을 나왔다가 우리와 탄잔열차 안에서 만나게 된 것이었습니다.

메리는 킬리만자로 등반을 같이 하면서 나와 가장 친하게 지냈는데, 킬리

몬트리올 시내는 흥미로운
조각들이 많다.

아름다운 맥길대학 캠퍼스

만자로뿐만 아니라 다른 산을 등반했던 이야기도 많이 해 주었습니다. 하지만 메리의 연락처는 분실해 버렸고, 우리는 존슨의 명함 한 장만 갖고 있었습니다. 어떻게 만날 방법이 없을까 고민하다가 맥길 대학을 찾아가 보면 만날 수도 있을 것 같다는 생각이 들었습니다. 만나지 못한다면 연락처만이라도 알 수 있을 것 같았습니다.

몬트리올 중심가에서 약간 떨어진 곳에 자리 잡은 맥길 대학은 푸른 잔디와 고풍스런 건물들이 이름답게 어우러져 있었습니다. 특히 석양 무렵이라 캠퍼스는 더욱 아름다웠습니다. 존슨이 여기에 다닌다니! 더욱 멋있어 보였습니다.

학교를 나오는 학생들을 붙잡고 "Where is the business school?"(경영대학이 어디 있어요?) 물어서 존슨이 다니는 경영 대학을 찾았고, 경영 대학 건물을 빠져 나오는 학생들에게 존슨의 명함을 내밀면서 "Do you know this person?"(혹시 이 사람 아세요?)라고 물어보았으나 대부분 모른다고 고개를 흔들었습니다.

할 수 없이 대학 건물 안에 들어가서 찾기로 했습니다. 3층으로 올라가니 MBA 학과 졸업생 사진이 복도에 붙어 있었습니다. 혹시나 하는 순간 "와! 여기 있다."며 민수가 환호성을 질렀습니다. 거기에는 우리의 눈에 익숙한 존슨의 사진이 중앙에 붙어 있었습니다. 존슨은 2달 전인 지난 8월에 졸업을 했다고 했습니다. 아빠가 교수에게 이 학생이 어디에 있는지 아느냐고 물었더니 존슨은 알지만 어디에 취직이 됐는지는 잘 모른다면서, 오늘은 학과 사무실 업무가 끝났으니 내일 다시 와서 물어보면 금방 알 수 있을 거라고 대답했습니다. 우리는 내일 몬트리올을 떠나야 하는데……

맥길 대학에서 차를 주차해 놓은 노트르담 성당에 있는 주차장까지 걸어오면서 혹시나 길거리에서 우연히 존슨을 만날 수 있을까 하고 나는 지나가는 사람들을 살펴보았습니다. "존슨과 비슷한 사람이다." "앗! 메리인 줄 알았다." 하며 민수가 가끔 소리쳤지만 존슨과 메리는 보이지 않았습니다. 우리는 서로 이야기하지는 않았지만 눈빛만으로도 아쉬운 마음을 읽을 수 있었습니다.

저녁에 숙소로 돌아오는 길에는 가을비가 촉촉이 내렸습니다. 비록 존슨과 메리는 못 만나고 그냥 가지만 그들의 향기는 몬트리올에서 충분히 맡을 수가 있었습니다.

"직접 만나는 것도 좋지만 마음속에 두고두고 그리워하는 것이 더 나을 때도 있단다." 아빠도 아쉬운 마음을 이렇게 달랬습니다.

민정

맥길대 본관 앞

몬트리올 시내 모습

28.

내 생애 최고의 생일파티 _ 멕시코

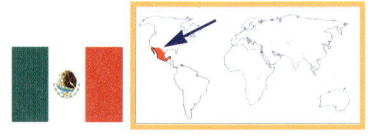

● 위치 : 북아메리카 남서안
● 수도 : 멕시코시티(Mexico City)
● 언어 : 에스파냐어
● 면적 : 196만 4375km²
● 인구 : 1억 870만 명(2006년 추정)

중남미 대부분의 나라들과 마찬가지로 멕시코 또한 300년간 스페인의 지배를 받았습니다. 1521년 스페인 정복자들이 강력했던 아즈텍 문명을 멸망시키면서 멕시코를 정복할 당시 이미 멕시코는 3000년 이상의 역사를 지니고 있었답니다. 고대 멕시코에는 많은 문명들이 있었는데, 그중에서도 가장 흥미를 끄는 것은 기원전 200년경에 생겨나 650년경 갑자기 멸망해 버린 떼오띠 우아깐이라는 도시문명입니다.

미국과 캐나다에서 1개월 정도 여행과 공연을 마친 우리는 뉴욕에서 비행기를 타고 태양의 나라 멕시코로 향했습니다. "I am very hungry." (아! 배고파.)

아침부터 아무 것도 먹지 않은 나는 배가 무척 고팠습니다.

"민수야! 이 비행기는 왜 기내식이 없는 거지? 나는 일부러 맛있는 기내식 먹으려고 아침도 굶고 탔는데 말이야. 승무원에게 한번 물어볼래?"

"헐~ 사실은 나도 배가 고파 죽겠어. 그런데 내가 그걸 어떻게 물어봐."

"그냥 물어보면 되지. Hi, do you have any food?"

나는 기내식이 없냐고 물어보았습니다.

"We are very sorry but we don't offer food. Would you like something to drink?" (죄송합니다. 저희는 기내식이 없습니다. 뭐 마실 것 드릴까요?)

"Orange juice, please." (오렌지주스 주세요.) 할 수 없이 주스로라도 배를 채워야 했습니다.

"아빠! 미국은 잘 사는 나라인데 왜 비행기를 탔는데 기내식도 안 줘요?"

이번에는 아빠에게 불평하듯 물어 보았습니다.

"글쎄, 아빠도 이유는 잘 모르겠는데 지금까지 다녀보니까 못 사는 나라일수록 비행기의 기내식이 더 좋은 것 같던데. 아까 이 비행기를 탈 때도 다른

원주민의 혼령을 쫓는 의식

멕시코 로미오 언니와 함께

멕시코 시티 소깔로 광장 앞의 성당

승객들은 타면서 햄버거를 하나씩 사서 들고 탔잖아. 아마도 기내식이 없기 때문이었을 거야."

그제야 비행기를 탈 때 사람들이 먹을 것을 하나씩 들고 타는 것을 보고 '저 사람들은 왜 먹을 것을 갖고 타지?' 하면서 의아해했던 생각이 났습니다.

"할 수 없지 뭐. 멕시코는 타코라는 음식이 유명한 나라가 아닌가? 내려서

실컷 먹지 뭐."하며 스스로를 위로
했습니다.

멕시코는 무척 더웠습니다. 이집
트나 인도에 비하면 상대도 안됐지
만, 지금까지 있었던 미국과 캐나
다에 비해서는 굉장히 더웠습니다.
뿐만 아니라 거리가 어찌나 시끄럽
고 무질서해 보이던지요. 특히 미
국에서 와서 더 그렇게 느껴지는 것 같았습니다.

굉장히 비싼 민박집에 짐을 풀어놓고 엄마랑 민수랑 인터넷 카페에 갔습
니다.

이 근방의 인터넷 카페는 한국 교민들이 많이 하는데, 카페 주인 아저씨가
우리의 숙소 사정을 들으시곤 좀 멀기는 하지만 원한다면 자기 집에 머물러
도 좋다고 합니다.

집은 시내에서 좀 떨어져 있었는데, 그 집에는 귀여운 준규랑 수진이가 있
었습니다. 숙소와 치안 때문에 걱정을 했는데, 뜻밖의 도움을 받게 되어 무
척 기뻤습니다.

멕시코에는 세계적으로 넓기로 유명한 소깔로 광장이 있습니다. 어찌나
넓던지 광장 안쪽에 걸려있는 엄청나게 큰 멕시코 국기가 광장 입구에서는
조그맣게 보였습니다. 소깔로 광장은 메트로폴리탄 대성당 및 국립궁전과
같은 멕시코시티에서 가장 상징적인 건축물들로 에워싸여 있습니다.

우리는 일요일 오후에 소깔로 광장을 찾았는데, 깃털로 잔뜩 장식한 무당
들이 매캐한 꼬빨 향을 피우며 북을 힘차게 치고 있었습니다. 그 북소리에
맞추어 춤을 추었는데 발에는 소리 나는 것이 달려있어 그 소리가 북소리와
잘 어울렸습니다. 춤을 추는 모습이 너무 신기해서 오랫동안 지켜보았습니
다. 북 장단이 사물놀이에 비해서 무척 빨랐습니다.

멕시코에서는 한인 교회에서 제일 먼저 공연을 했습니다. 멕시코 한인 교

멕시코 현지 고등학교에서의 공연

내 생일을 축하해주는 고등학생들

회에서의 공연은 무대도 훌륭했고 호응도 너무 좋았습니다.

또한 준규와 수진이가 다니는 멕시코 현지학교(Hispano Americana)에서
도 공연 요청이 왔습니다. 우리는 기꺼이 하기로 했는데, 너무 많은 공연을
요청하는 바람에 힘들었습니다. 사물놀이 공연하는 게 쉽지 않은데 어떤 날
은 하루에 3차례나 공연하기도 했습니다.

마지막 공연 날은 내 생일이었습니다. 내 또래의 고등학생들 앞에서 공연
하는 날이었기 때문에 아침부터 기분이 좋았습니다. 사실 지금까지는 현정
이 또래의 초등학생, 민수 또래의 중학생을 상대로 했던 공연이라 좀 재미가
덜했는데 오늘은 드디어 고등학교에서 공연을 하게 되었습니다.

우리의 공연이 시작되자마자 여기저기서 함성소리가 들렸습니다. 그리고
오늘이 바로 내 생일이라는 사회자의 멘트가 나오기 무섭게 아이들이 일제
히 일어나서 생일축하 노래를 불러 주었습니다. 스페인어라 처음 들어보는
축하 노래인데 들으면서 나도 모르게 눈물이 나왔습니다. 아마도 평생 이렇
게 많은 사람들에게 생일축하를 받을 일은 없을 것 같습니다.

모든 공연이 끝나자 모두 일어서서 기립박수를 보내 주었습니다. 우리 가
족이 출구에 나란히 섰고 한 사람씩 볼을 마주치며 인사를 하며 나갔는데 나
에게는 생일 축하한다는 인사를 영어로 해 주며 지나갔습니다. 나는 지금까
지 멕시코라는 나라를 잘 몰랐는데, 오늘의 일을 계기로 앞으로 너무 좋아질
것 같았습니다.

이곳 아이들의 수줍어하면서도 열정적인 모습과 볼에 볼을 맞대고 인사하
는 다정다감함이 좋았습니다. 게다가 나는 생일 선물도 받았는데, 모두 자신
이 직접하고 있던 팔찌며 귀걸이 같은 액세서리라서 체온이 느껴져서 더 좋
았습니다.

그 많은 사람들에게 볼 인사를 다 해주고 나니까 양 볼이 얼얼했습니다.
교장선생님께선 우리 가족에게 좋은 공연을 해 주어서 고맙다며 디플로마도
주셨는데, 사물놀이 공연을 통해 다른 나라의 아이들과 함께 호흡할 수 있었
던 무척 소중하고 의미있는 날이었습니다.

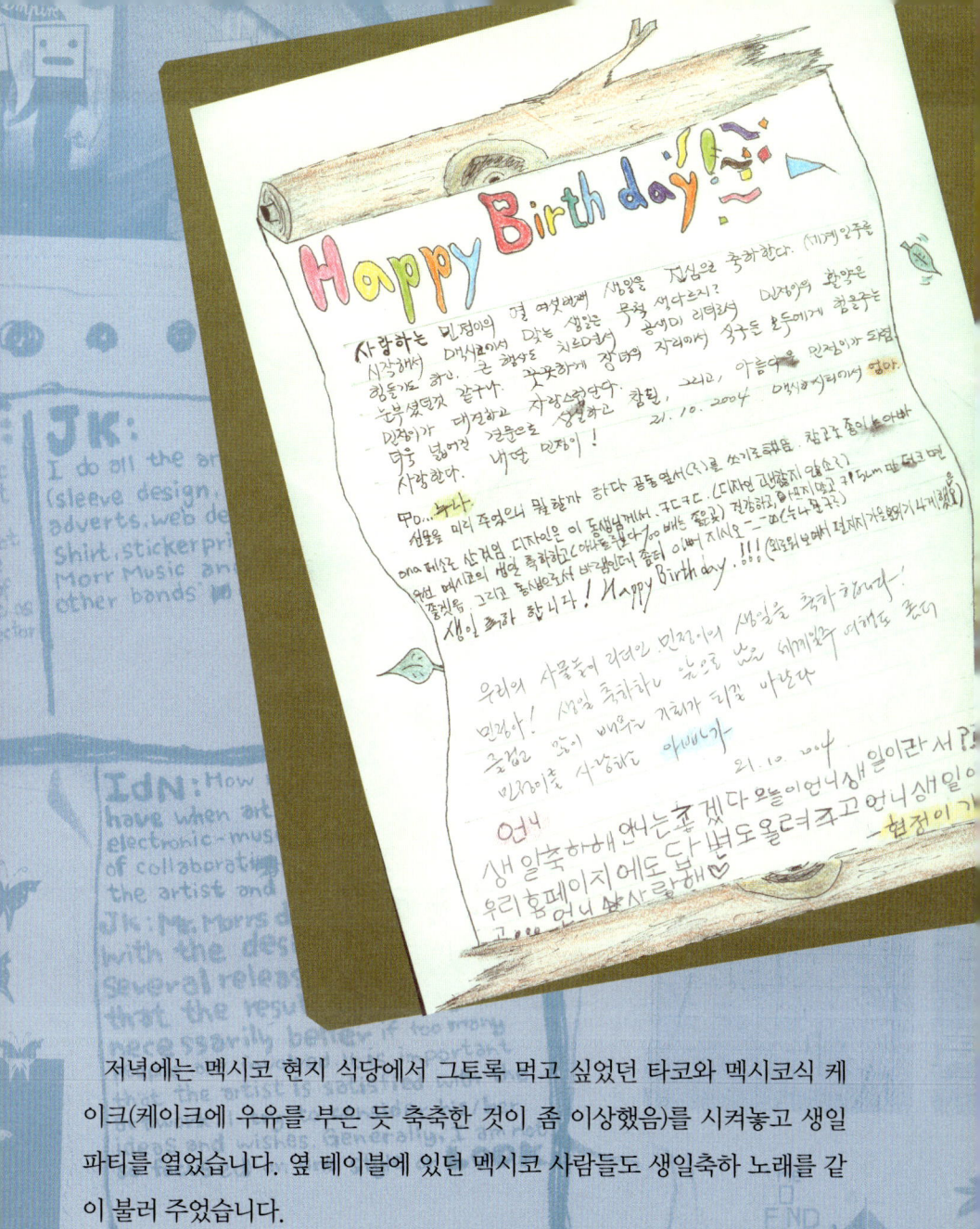

　저녁에는 멕시코 현지 식당에서 그토록 먹고 싶었던 타코와 멕시코식 케이크(케이크에 우유를 부은 듯 축축한 것이 좀 이상했음)를 시켜놓고 생일 파티를 열었습니다. 옆 테이블에 있던 멕시코 사람들도 생일축하 노래를 같이 불러 주었습니다.

　멕시코에서 멕시코 사람들에게 생일축하 노래를 선물 받다니, 지금 생각해도 가슴이 뜁니다. 그때 얼마나 행복했는지 느껴지시나요?

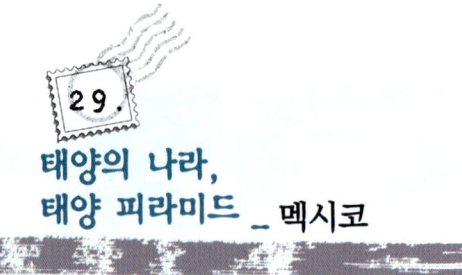

29.

태양의 나라,
태양 피라미드 _ 멕시코

- 위치 : 북아메리카 남서안
- 수도 : 멕시코 시티(Mexico City)
- 언어 : 에스파냐어
- 면적 : 196만 4375㎢
- 인구 : 1억 870만 명(2006년 추정)

떼오띠우아깐 유적지

떼 오띠우아깐 유적은 멕시코시티에서 겨우 50km 정도밖에 떨어져있지 않아서, 멕시코시티에 머물고 있던 우리 가족은 쉽게 방문할 수 있었습니다. 멕시코시티에서 시원하게 난 길을 달려 단숨에 떼오띠우아깐 유적지에 도착했습니다.

"와! 피라미드가 보인다." 티켓을 구입하러 매표소로 들어서면서 누나가 외쳤습니다. "이곳이 이집트도 아닌데 무슨 피라미드야?"하며 내가 대꾸를 하자 아빠가 옆에 있다가 설명을 해 주셨습니다.

"이집트와 마찬가지로 멕시코에도 피라미드가 있어. 아니 오히려 숫자로 치면 더 많을 걸. 하지만 용도는 달랐지. 이집트에 있는 피라미드들은 왕의 무덤이었던 반면 이곳에 있는 피라미드는 신에게 제사를 지내기 위해 제단으로 사용했지. 그런데 신기한 것은 말이야, 이곳의 태양 피라미드의 높이는 65m로 이집트의 대 피라미드의 절반밖에 안 되지만 이집트에 있는 대 피라미드와 바닥 직경이 거의 똑같다는 거야. 그 옛날에 두 곳 사람들이 만났다는 걸까? 신기하지 않니?"

아빠의 설명을 듣고 보니 정말 신기했습니다. 하기야 신기한 것이 이것 뿐이겠어요? 세상에는 아직도 풀지 못하는 수수께끼들이 많이 남아 있는데, 세계일주를 하면서 그런 분야에 더욱 관심을 갖게 되었습니다.

태양 피라미드와 달의 피라미드, 죽은 자의 거리 등으로 유명한 떼오띠우아깐 유적지의 첫 느낌은 햇볕이 너무 따갑다는 것이었습니다. 오후 3시가 지났는데도 구름 한 점 없는 하늘에서 내리쬐는 태양의 열기는 식을 줄 몰랐습니다. 주위에 그늘이 될 만한 것이 아무것도 없는 허허벌판이라서 더욱 뜨거웠던 것 같습니다. 역시 태양의 나라 멕시코를 실감할 수 있었습니다.

"자, 민수야! 민정아! 태양 피라미드를 배경으로 사진 한 장 찍어야지. 거기 서봐. 그렇지." 아빠가 사진을 찍는다고 하나 둘 셋을 외치는 동안에도 현기증이 날 정도입니다.

"야, 저기 사람들 봐! 태양 피라미드에 사람들이 올라갈 수 있나봐." 누나가 태양 피라미드 쪽을 가리키며 소리쳤습니다.

"아! 정말, 우리 누가 빨리 올라가나 시합해 볼까?" 내가 즉석에서 제안을 했고, 누가 먼저랄 것도 없이 뛰어갔습니다. 사진을 찍으면서 덥다고 짜증을 부렸던 것은 벌써 잊어버렸습니다.

"안 돼!" 뒤에서 엄마가 소리치는 소리가 들렸습니다. "멕시코시티는 해발 약 2100m 정도의 고지에 위치해 있어서 심한 운동을 하면 고산병 증세가 올지 모른대."

"앗. 고산병!!! 킬리만자로에서 실컷 당했는데 여기 와서도 또 만날 줄이야!" 그제야 누나와 나는 달리기를 멈추고 천천히 올라갔습니다.

피라미드에 올라가면서 보니 이집트의 피라미드와는 여러 가지로 차이가 있었습니다. 우선은 이집트의 대 피라미드가 완전한 삼각뿔이라면 이 떼오띠우아깐 피라미드의 전체 모양은 납작한 삼각뿔로 계단 형태로 되어 있었습니다. 또한 이집트의 대 피라미드는 커다란 네모난 돌들을 쌓아서 만들어

태양 피라미드

달의 피라미드

떼오띠우아깐 유적지 입장 티켓

진데 비해 태양 피라미드는 조그만 돌들을 콘크리트 반죽 같은 것으로 고정
시켜서 만들었습니다. 겉으로 보기에는 이집트의 대 피라미드보다 훨씬 더
정교하게 보였습니다.

또한 그 돌들도 할아버지 집이 있는 제주도의 구멍이 뻥뻥 뚫린 현무암들
과 같은 종류였는데, 아마 이곳도 화산 지대인 것 같았습니다.

숨을 헐떡이며 태양 피라미드의 정상에 도착하니 떼오띠우아깐 유적지가
한눈에 들어왔습니다. 왼쪽 끝으로 달의 피라미드가 보이고, 달의 피라미드
를 시작으로 앞으로 곧게 뻗은 시원한 길도 보이고 그 길 양옆으로 조그만
피라미드들이 줄지어 서 있었습니다. 이미 많은 관광객들이 그곳에서 큰 소
리로 "야호!"도 외치고 노래도 부르고 있었습니다. 우리 가족도 모두 모여서
파이팅을 외치며 태양 피라미드의 정기를 마음껏 받았습니다.

누나와 나는 태양 피라미드에서 내려와 달의 피라미드를 향해 걸어갔습니다.

"근데 누나, 떼오띠우아깐이라……. 왜 이렇게 부르기가 힘들지?" 내가 투덜대자, 옆에서 가이드북을 열심히 보고 있던 누나가 "아! 여기 있다! 응, 떼오띠우아깐은 '인간이 신이 되는 장소'라는 뜻이 있대. 그리고 이곳이 번영했을 때는 12만 명이나 살았다는군."이라며 가이드북의 내용을 설명해 주었습니다.

"캬! 인간이 신이 되는 장소라? 멋있는 걸! 하긴 딱 봐도 되게 커 보이는 도시야. 그치?"

"그리고 건물들도 질서 정연하게 늘어서 있고."

"우와! 이 길은 끝도 없어 보이는데? 이 길을 '죽은 자의 거리'라고도 하던데, 왜 그렇게 무시무시한 이름이 붙었을까?"

"응. 그 이유는, 이 옆의 이 조그만 피라미드들 보이지? 이것을 후세 사람들이 왕족들의 무덤이라고 잘못 생각해서 붙인 거래." 이번에는 아빠가 덧붙였습니다.

'죽은 자의 거리'를 따라 걷다 보면 끝에는 달의 피라미드가 나오는데, 태양 피라미드보다는 좀 작지만, 훨씬 잘 생긴 것 같습니다. 달의 피라미드에도 올라가려고 했는데 아쉽게도 공사 중이라 중간까지 밖에 올라갈 수가 없었습니다. 달의 피라미드 중간에서 본 떼오띠우아깐의 모습 또한 장관이었

습니다.

　태양 피라미드와 달의 피라미드 이외에도 수많은 피라미드들이 있는 멕시코의 떼오띠우아깐 유적지는 나에게 깊은 인상을 심어 주었습니다.

달의 피라미드에서 내려다 본
죽은 자의 거리 모습

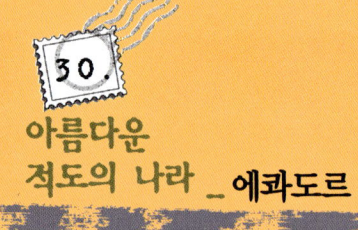

30.
아름다운
적도의 나라 _ 에콰도르

Hola~!
에콰도르 얘기인데 웬 스페인어냐구요? 하하, 그건 지금부터
우리가 여행할 에콰도르를 포함한 대부분의 남미 국가가 스페
인의 지배를 받았었기 때문입니다. 잉카제국이 전성기를 누릴
때 식민지를 노린 스페인의 공격에 무릎을 꿇고 말았죠. 그 후
남미의 모든 나라들은 독립을 했지만, 대부분의 나라들은 아
직까지도 스페인어를 쓰고 있습니다.

- ● 위치 : 남아메리카 대륙 북서부
- ● 수도 : 키토(Quito)
- ● 언어 : 에스파냐어
- ● 면적 : 27만 2045㎢
- ● 인구 : 1천 323만 명(2005년 추정)

키토시 구시가지의 광장

우리 가족은 세계일주 여행을 준비하면서 각자가 대륙별로 하나씩 맡아 정보를 수집하고 그 내용을 가족회의 시간에 발표했는데, 나는 그 중에서 북아메리카와 남아메리카를 담당하게 되었습니다. 북아메리카는 미국과 캐나다, 멕시코 등 우리에게 익숙한 나라들이 많이 있어서 자료를 조사할 때도 흥미가 있었는데, 남아메리카에는 이름을 들어본 나라가 별로 없어서 사실 재미가 없었습니다. 그중에서 우리가 처음으로 도착할 나라가 에콰도르라는 나라였는데, 이전에는 들어보지도 못한 나라였습니다. 게다가 도시 이름도 키토, 쿠엔카, 오타발로, 콰야킬 등, 아휴, 따라 읽기도 무척 힘들었습니다.

하지만, 남아메리카 첫 도착지인 에콰도르의 키토는 공기도 너무 맑고 사시사철 꽃이 피는 매우 아름다운 곳이었습니다.

키토시는 구시가지와 신시가지로 나눠지는데, 신시가지는 최신식 건물들이 들어서 있고, 구시가지는 옛날 스페인 식민지 시대의 모습이 그대로 보존되어 있습니다. 그래서 구시가지 전체가 1979년에 유네스코에 의해 세계문화 유산으로 등록이 되었습니다.

샌프란시스코 성당 내부의 정원

빠네시죠 언덕에 있는
키토의 성녀상

구시가지는 남아메리카의 대부분의 도시들과 마찬가지로 중앙 광장을 중심으로 대통령궁과 대성당이 서로 마주보며 사각형을 만듭니다. 대성당은 로마의 바오로 대성당의 내부를 본떠서 만든 것으로 유명합니다. 중앙 광장은 독립 광장이라고도 하는데, 가운데 커다란 동상이 하나 서있고, 아름다운 꽃들과 초록색의 커다란 나무들로 장식되어 있었습니다. 광장에는 수많은 관광객들과 키토 시민들로 북적이고 있었습니다.

키토 시가지에는 볼만한 것들이 너무 많았습니다. 먼저 독립 광장에서 약간 떨어진 샌프란시스코 성당을 찾았습니다. 유럽에서 보았던 웅장한 성당들과 달리 좀 초라하고 약간 덜 세련된 것 같은 느낌이 들었습니다.

"유럽에서 시작된 기독교 문화가 이곳의 전통 문화와 서로 결합되면서 이런 현상이 발생했단다."라며 아빠가 설명을 해 주었습니다. 그리고 성당 벽면에는 여러 종류의 그림들이 장식되어 있었는데, 이 지역출신 화가들인 키토학파의 화가들이 그린 그림들이라고 합니다.

성당을 구경하고 나서 우리 가족은 성당 앞의 샌프란시스코 광장에서 사물놀이 공연을 했습니다. 우리의 사물놀이 소리를 듣고 여기저기서 사람들이 몰려들었는데, 주로 광장 주위에서 노숙을 하는 사람들이 많았습니다. 현정이는 그 사람들을 보더니 무서워하는 눈치였습니다. 사실은 나도 좀 무서웠지만 용기를 내서 끝까지 공연을 했습니다.

이어서 우리는 빠네시쬬 언덕을 찾았습니다. 원래는 잉카 이전 시대부터 태양의 신전이 있던 자리였다고 합니다. 신전의 돌은 모두 분해해서 샌프란시스코 성당을 만드는데 썼고, 현재는 그 자리에 1979년 키토 세계 문화유산도시 제정 기념으로 프랑스에 주문해서 만든 성모 마리아상이 있습니다. 성모 마리아상 안에도 들어갈 수 있었는데, 키토 구시가지가 한눈에 내려다 보였습니다.

다음날 우리는 빠네시쬬 언덕 바로 아래 위치한 시립 미술관(Museo de la Ciudad)을 찾았습니다. 정사각형 모양의 박물관이었는데 가운데 사각형 공간에는 정원이 조성되어 있었습니다.

군인 복장을 한 사람들이 줄을 서서 입장을 기다리고 있었는데, 아마도 군
부대에서 견학을 온 모양입니다. "이 시립 박물관은 남미 최초의 자선 병원
을 개조해 만든 박물관인데, 규모나 전시 상태 등이 수준 높은 곳이래."라며
아빠가 안내책자를 보며 설명해 주었습니다. 특히 이 박물관은 16세기에서
19세기까지의 키토사람들의 생활 양식을 아주 잘 보여 주고 있었습니다. 이
박물관의 테라스에서 올려다보면 빠네시죠 언덕의 성녀 동상이 아주 잘 보
였습니다.

키토의 볼거리는 이것이 다가 아닙니다.

바로 과야사민 미술관(Fundacion Guayasamin)이라고 하는 유명한 미술
관이 있는데, 라틴 아메리카 최고의 화가 중 한 사람인 과야사민이라는 화가
의 그림이 소장되어 있는 곳입니다. 미술관은 마당에 잔디가 깔린 커다란 대
저택을 연상케 하는 곳이었습니다. 입구에 'Fundacion Guayasamin(과야
사민 미술관)' 팻말이 없었으면 아마도 일반 저택이라고 생각했을 것입니다.

이곳에 전시된 그림들은 내가 보기에도 너무나 잘 그린 그림들이었습니

과야사민 박물관에 있는
과야사민 추상화

TERNURA

R.U.C. 1790734536001
Aut. 1096328857

001-001 Nº 009877

Museo de Arte:
Precolombino
Colonial
Moderno

Valor $ 3,00

JOSE BOSMEDIANO 543
BELLAVISTA (EL BATAN)
TELFS. 2446455 / 2452938
FAX 2446277

FUNDACION GUAYASAMIN

키토의 과야사민 박물관
입장티켓

다. 내가 세계일주 여행을 하지 않았다면 어떻게 과야사민이라는 화가를 알았겠습니까? 이런 훌륭한 화가를 이렇게 그림을 통해서 만난다는 것만으로도 너무 좋았습니다.

과야사민 미술관에는 그림과 함께 석기시대 유물이 전시되어 있고, 식민지시대 종교 유품도 전시되어 있었습니다. 두 시간 정도면 충분히 다 돌아볼 수 있는 아담한 곳이었지만 유물들의 수준은 매우 높아 보였습니다.

민수

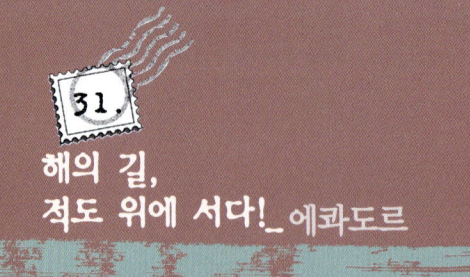

31.

해의 길,
적도 위에 서다!_에콰도르

- 위치 : 남아메리카 대륙 북서부
- 수도 : 키토(Quito)
- 언어 : 에스파냐어
- 면적 : 27만 2045㎢
- 인구 : 1천 323만 명(2005년 추정)

적도 탑

잉카인들이 생각했던 적도,
인띠냔 가는 길

'Equator' 라는 단어를 영어 사전에서 찾아보면 적도라고 되어 있습니다. 이 적도를 스페인어로는 'ecuador'라고 하기 때문에 'Ecuador'가 나라 이름으로 됐습니다. 적도가 지나는 나라라는 것을 알 수 있죠?

에콰도르의 수도인 키토 근처로 적도가 지나는데, 적도가 두 개 존재한다는 사실이 신기합니다. 적도가 어떻게 두 개일까요?

지금부터 그 비밀을 밝혀 드리겠습니다.

우선 첫 번째 적도 선은 잉카인들이 옛날부터 믿고 있었던 적도입니다. 잉카인들은 예부터 태양신을 섬겼기 때문에 태양에 대한 연구를 많이 했고, 그 태양이 지나는 길(적도)을 매우 신성한 곳으로 여겼습니다. 그래서 그 적도를 따라 왕이나 귀족의 무덤을 만들었습니다.

또, 두 번째 적도 선은 프랑스 지리학자인 '홈 볼트' 라는 사람이 몇 년 동안 측정을 해서 찾아낸 적도입니다. 이 '홈 볼트'가 찾아낸 적도 선은 에콰도르에서 관광지로 개발하여 현재 적도 탑을 세워놓은 곳입니다. 이 두 개의 적도 선들은 약 200m정도 떨어져 있었습니다.

그러나 최근 인공위성을 통해 정밀 측정한 결과 이 두 개의 적도선 중 잉카인들이 생각하고 있던 적도가 정확하다는 결론을 내렸습니다.

키토에서 버스를 타고 적도로 출발~! 잉카인들이 생각하고 있던 적도 선은 적도 탑 입구 오른쪽에 있었는데, 입구에는 'Intiñan(인띠냔)' 이라고 쓰

태양의 길(적도),
인띠냔 박물관 입장티켓

인띠냔에 있는
태양 박물관

태양 박물관의 상징

여져 있었습니다. 'Inti'는 잉카어로 태양이라는 뜻이고, 'ñan'은 길이라는 뜻이죠. 그러니까 '인띠냔'은 '태양길' 즉, 태양이 지나는 길(적도)이라는 의미입니다.

표지판을 지나 시골길 같이 먼지가 푸석푸석 나는 곳을 지나면 박물관이 나오는데, 박물관 치고는 너무 작고 볼품없었습니다.

이 박물관은 개인이 직접 운영을 하고 있었습니다. 박물관 주인은 "여기가 아니면 실제 적도 선에서 볼 수 있는 과학 실험들을 할 수 있는 곳이 없어요. 그래서 저는 이 박물관을 꿋꿋이 지키고 있어요. 비록 규모는 작고, 수입도 적지만 자랑스럽게 생각합니다."라고 말합니다. 박물관 이곳저곳에는 다양한 실험도구들이 있었습니다.

물이 가득 찬 세숫대야, 선반 위에 박아놓은 대못, 막대의 그림자로 시간을 표시하는 해시계 등 의외로 소박한 실험도구들이 빨간색의 줄(적도)을 따라 늘어서 있었습니다.

"우와! 놀라운데? 계란이 섰어!"

"엥? 대못 위에 계란이 섰다고?"

"응! 적도에서만 가능한 현상인가 봐."

"어? 저기 봐! 돌에 나무막대가 꽂혀 있는데 뭐지?"

"해시계잖아. 적도의 해시계는 아주 정확해. 돌에 나무 막대만 꼽았는데 말야."

"그런데 춘분, 추분에만 정확해. 여름이나 겨울은 약간 부정확하지."

"어? 그래? 난 몰랐는 걸?"

적도에서만 발생하는 신기한 현상은 또 있었습니다. 똑같은 싱크대를 적도에서 약 2m정도 떨어진 북반구, 남반구에서 각각 물이 빠져나가도록 실험했을 때 서로 반대방향으로 돌며 빨려 들어가는 것을 확인할 수 있었습니다.

적도에서는 물이 돌지 않고 그대로 구멍을 향해 곧장 빨려 들어가더군요. 이 외에도 적도에서는 몸무게가 약간 가벼워진다고 합니다.

Intiñan(인띠냔) 박물관에는 적도뿐만 아니라 잉카인들의 풍습도 엿볼 수 있었습니다.

적도 바로 옆에 묻힌 무덤은 그만큼 막강한 힘을 가졌던 사람의 무덤이라는 것을 알 수 있었는데, 가이드의 설명을 들어볼까요?

적도탑 해시계

"잉카인들은 죽음을 삶의 끝이라고 보지 않고, 하나의 여행이라고 생각했어요. 그래서 무덤 안에는 이러한 과일들, 여러 식기 등을 같이 묻었죠. 촌장이 죽으면 부인들을 같이 묻었는데, 이 또한 여행을 외롭게 하지 말라는데 의미가 있었다고 해요."

"민수야, 이리와 봐." 누나가 불렀습니다.

"왜? 무슨 일이야?"

"이게 도대체 뭐지?"

"글쎄, 잘 모르겠는걸? 인형 같기도 하고…… 직원에게 물어보자."

적도 탑 앞 광장에서는 매일 오후 원주민들의 공연이 열린다.

　"Hello! What is this?" (여기요! 이게 무엇인가요?)

　"아, 이건 에콰도르의 아마존 정글 깊은 곳에 사는 원주민 부족 중에, 식인종 부족이 만든 챤사라는 건데요, 사람을 죽이고 얼굴을 잘라내서 축소시킨 거예요."

　"Really? Is this a man's face? It's creepy!" (네? 사람의 얼굴을요? 으아, 징그러워!)

　"How could they make something like this?" (어떻게 이런 것을 만드는 건가요?)

　이번에는 누나가 물었습니다.

　"우선 적과의 싸움에서 이긴 후 전리품으로 적의 몸은 먹어버리고, 머리 부분만 남겨 만듭니다. 두개골, 뇌 등을 빼낸 후에 죽은 사람의 저주를 막기 위해 입을 꿰맨 다음, 특수한 약물에 넣고 가열합니다. 조그맣게 줄어들 때까지요."

"The mere thought makes me shudder! What's the use of this one?" (생각만 해도 정말 소름끼치네요! 이 챤사는 어디에 쓰였나요?)

"아, 챤사는 대부분 의식용으로 쓰였습니다. 또한 목에 걸고 다니면 죽은 이의 힘을 빌릴 수 있다고 믿었답니다."

"That's scary. They are still making them?" (어휴~, 무섭다, 무서워. 아직도 만들고 있나요?)

"지금은 식인풍습이 금지되어서 더 이상 만들지는 못합니다. 하지만 고양이 같은 동물들을 이용해서 챤사를 만듭니다."

"Whew! I thought they were still making them." (아~ 다행이다. 나는 아직도 만드는 줄 알고.)

"Thank you very much. That was very helpful." (감사합니다. 도움이 많이 되었어요.)

"It's my pleasure! Have a good trip!" (도움이 되셨다면 저도 좋죠. 그럼 즐거운 여행 되세요!)

직원은 웃으며 손을 흔들었습니다.

챤사 제작과정

잉카 제국의 혼 _ 페루

16세기 초, 스페인이 침입하기 이전까지 잉카(Inca)문명은 페루의 쿠스코를 중심으로 안데스 산맥 곳곳에서 외부세계와의 교류 없이 자신들만의 독특한 문화와 전통, 그리고 역사를 꽃피워 왔었습니다. 그러나 스페인의 침입과 식민지 통치 이후 급격한 쇠퇴와 함께 역사에 묻혀 버리고 말았습니다. 그럼에도 불구하고 오늘날까지 잉카 시대의 유적이 가장 많이 남아있는 나라가 페루입니다.

● 위치 : 남아메리카 중부
● 수도 : 리마(Lima)
● 언어 : 에스파냐어, 케추아어
● 면적 : 128만 5216㎢
● 인구 : 2천 797만 명(2005년 추정)

잉카 제국의 수도였던 쿠스코시 모습

**길** 바닥의 돌과 벽 색깔이 온통 하얀색으로 빛나는 페루의 아레키파와 세상에서 가장 깊은 계곡인 꼴까 계곡의 여행을 마치고, 우리 가족은 아레키파의 버스터미널에서 저녁에 버스를 타고 잉카제국의 옛 수도였던 쿠스코로 향했습니다.

"앗! 내 배낭이 없어졌다!" 아레키파와 꼴까 계곡을 우리 가족과 여행했던 종완이 오빠가 버스의 짐칸을 여기저기 뒤지며 소리를 질렀습니다.

시간은 새벽 5시. 우리는 놀라서 모두 잠에서 깨었고, 배낭을 넣었다는 선반 위를 자세히 살펴보았습니다. 현지인들은 늘상 있는 일이라는 듯, 선반을 정신없이 뒤지는 우리를 아무런 표정도 없이 쳐다봅니다.

"그나마 그 배낭에는 중요한 것이 없어서 다행이야. 아무래도 선반 위에 놓으면 위험할 것 같아 그 배낭 속에는 중요한 것들은 넣지 않았거든." 종완이 오빠는 불행 중 다행이라면서 안도의 한숨을 내 쉬었지만 마음은 편치 않은 것 같았습니다.

"아빠! 이제야 정말 페루에 온 것 같다." 그 동안 소지품들을 한 번도 분실해 본적이 없는 우리 가족은 페루에서 같은 일행의 배낭이 도둑맞는 것을 보면서 이곳이 바로 페루구나 하고 새삼스레 몸과 마음을 가다듬었습니다.

아침 일찍 쿠스코 광장에 도착한 우리는 숙소를 찾아 헤매야 했습니다. 물론 숙소는 많은데 조금이라도 싼 숙소를 찾아 여기저기 돌아다녔습니다. 지붕의 붉은 기와들은 쿠스코 도시 전체를 붉게 물들여 놓고 있었습니다.

여행하면서 가장 힘들었던 것은 단연 짐 옮기기였습니다. 특히 쿠스코와 같이 고산 지역에 언덕이 많은 도시에서는 더욱 그렇습니다. 20~25kg의 짐을 메고 낑낑거리며 오르다보면 힘이 쭉 빠지거든요. 거기에다 악기까지 매면 자연스럽게 몸이 뒤로 기울게 되지요.

숙소가 높은 곳에 위치해 있어서 쿠스코 중앙 광장이 훤히 내려다 보였는데, 남미 도시의 광장은 거의 다 비슷했습니다.

"스페인의 지배를 받았던 16세기에 만들어진 남미의 도시들은 중앙에 커다란 광장이 있고, 그 주위를 총독관저와 대성당이 둘러싸고 있는 형태이지.

우리가 다녔던 리마나 아레키파도 모두 비슷했지?" 아빠가 민수와 나에게 자세히 설명을 해 주었습니다.

"아! 그러니까 이 광장과 주위의 건물들은 잉카의 유적이 아니라 스페인 식민지 시대의 유적이란 말이네요." 나와 민수가 묻자 "그렇지, 스페인은 이미 500여 년 전에 이곳을 점령했기 때문에 스페인 유적의 역사도 결코 짧은 것은 아니지."라며 아빠가 설명해 주었습니다.

"아빠! 그럼, 그 유명한 잉카제국의 유적들은 다 어디 있어요? 쿠스코는 잉카제국의 수도였다는데, 거의 보이질 않으니 이상하잖아요?" 나와 민수는 또다시 궁금해서 물었습니다.

"스페인 사람들은 잉카제국의 도시들을 완전히 파괴시키고 그 위에 스페인의 건물들을 지었거든. 하지만 아직도 잉카제국시대의 돌담 일부가 남아 있는데, 그걸 잉카월이라고 하지."

"아! 그래서 잉카제국의 유적을 거의 볼 수 없었구나." 나와 민수는 고개를 끄덕였습니다.

"하지만 잉카제국시대의 유적이 고스란히 남겨진 곳이 한 군데 있단다. 다행스럽게도 그곳은 스페인 사람들의 눈에 띄지 않아서 온전히 보존됐지. 그곳이 바로 모래 우리가 갈 예정인 마추픽추라는 곳이란다."

우리는 첫째 날에 쿠스코 시내를, 둘째 날에 쿠스코 주변의 잉카 유적지들

잉카 시대의 돌담 잉카월

쿠스코 중앙광장

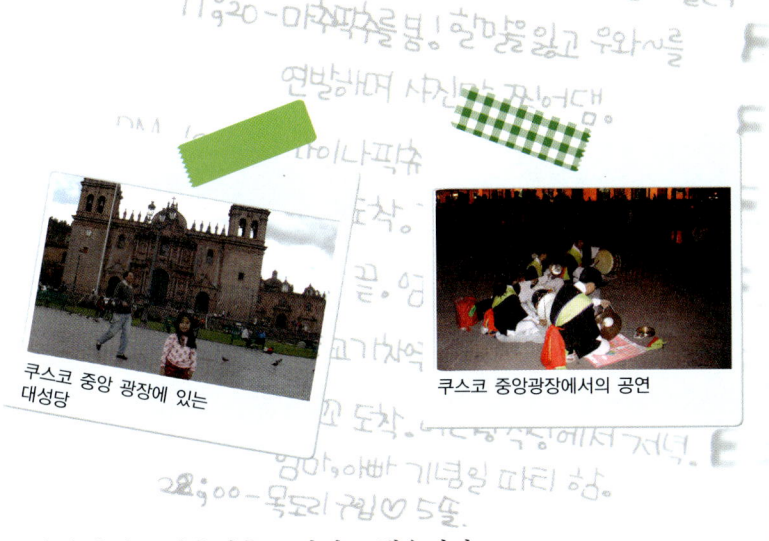

쿠스코 중앙 광장에 있는 대성당

쿠스코 중앙광장에서의 공연

을, 셋째 날에는 마추픽추로 가기로 했습니다.

쿠스코의 거리를 거닐다 보면 잉카시대 때 세운 돌벽(잉카월)들이 많이 보이는데 어찌나 정교한지 종이 한 장, 개미 한 마리 들어가지 못할 것 같았습니다.

산타도밍고 성당은 잉카의 코란칸차 신전을 허물고 그 위에 스페인 사람들이 성당을 지었다고 합니다. 하지만 두 번의 지진으로 성당 위쪽은 다 무너졌는데 신전을 받치고 있던 돌벽은 멀쩡했다고 합니다. 정말 대단한 건축 기술입니다. 도저히 사람 손으로 쌓은 것 같이 보이지 않았으니까요.

쿠스코 시내를 모두 둘러본 날, 우리 가족은 저녁에 쿠스코 중앙광장에서 잉카의 후손들에게 사물놀이를 보여주기 위해 악기를 들고 나왔습니다.

쿠스코의 교민이 하는 아리랑 식당 사장님이 허가서 없이는 힘들 거라고 했지만, 허가시를 받을 시간이 없어서 옆에 있는 경찰에게 이러이러해서 꼭 공연을 하고 싶다고 얘기하고 허락을 받아 공연을 시작했습니다.

사물놀이의 장단에 매료된 관객들이 손뼉을 치며 흥을 돋우어 우리는 더욱 신나게 연주했습니다. 마지막 영남사물놀이를 남겨두고 있는데 시청에서 왔다면서 허가서를 보여 달라고 했습니다. 둘러섰던 관중들이 그 시청 직원에게 항의를 하자 "그럼 한 곡만 더 하라."고 즉석에서 허가를 내 주었습니다. 그렇게 쿠스코 공연은 성공적으로 마쳤고, 잉카의 후손들은 우리에게 뜨거운 박수갈채를 보내주었습니다.

마추픽추를 가는 방법은 여러 가지가 있는데, 우리는 기차와 버스를 이용해서 좀 쉽게 다녀오기로 했습니다. 사실은 나와 민수는 3박 4일의 잉카 트레킹을 하고 싶었는데, 아빠가 "트레킹을 하려면 다시 엄마와 현정이랑 헤어져야 하는데 괜찮겠어?" 라고 묻는 바람에 포기하고 말았습니다. 옛날 킬리만자로에서의 기억이 되살아났기 때문입니다. 트레킹 가격도 만만치 않아서 1인당 200달러 정도로 우리가 생각했던 것보다 훨씬 비쌌습니다.

쿠스코역에서 기차를 타고 마추픽추역으로 가는 길은 매우 인상적이었습니다. 기차는 지그재그로 흔들거리면서 고원지대로 올라갔습니다. 기찻길 옆에는 거친 강물이 흐르고 저 멀리에는 하얀 눈을 머리에 인 설산들이 나타났다 사라졌습니다. 청명한 하늘과 하얀 눈이 덮인 설산들은 너무나 잘 어울렸습니다.

이렇게 4시간을 달리면 마추픽추역이 나오고, 마추픽추역에서 버스를 타고 마치 뱀처럼 구불구불한 길을 거슬러 30여 분 올라가면 드디어 공중도시 마추픽추의 웅장한 모습이 눈앞에 나타납니다.

"우와~!" 나와 민수는 할 말을 잃어 벌린 입을 다물 수가 없었습니다. 쿠스코에 하나도 남아있지 않은 잉카 유적이 이곳으로 옮겨진 듯, 거대한 도시의 모습이 눈앞에 펼쳐졌습니다.

산 아래에서는 어느 위치에서도 이 마추픽추를 볼 수가 없다고 합니다. 오직 공중에서만 볼 수 있다고 해서 공중도시라 불린다고 아빠가 말씀해 주었습니다. 이 덕분에 스페인 군사들에게 발견되지 않아 오늘날까지 완벽하게 보존되고 있으니 한편 다행스러운 일입니다.

아빠와 민수와 함께 마추픽추 옆에 있는 와이나픽추에 단숨에 올라갔습니다. 와이나픽추에서 내려다 본 마추픽추의 모습은 또 다른 장관이었습니다.

몇 시간 동안 마추픽추에 머물다가 쿠스코로 돌아오는 기차를 타기 위해서 아쉬운 발길을 돌려야 했습니다. '나중에 대학생이 되면 꼭 한번 잉카 트레킹으로 마추픽추에 걸어서 올라와야지.' 라고 다짐을 하며 버스에 올랐습니다.

마추픽추행 기차

마추픽추로 올라가는
버스길

마추픽추 가는 길의
눈 덮인 산

33.

남미의 알프스,
파이네 국립공원 _ 칠레

- 위치 : 남아메리카 남서부
- 수도 : 산티아고(Santiago)
- 언어 : 에스파냐어
- 면적 : 75만 6096㎢
- 인구 : 1천 643만 명(2006년 추정)

세계지도를 보면 칠레는 뱀처럼 좁고 긴 나라라는 것을 알 수 있
는데, 길이가 무려 4300km나 됩니다. 서울에서 부산까지의 10배
정도이니까 어느 정도인지 상상이 가죠? 하지만 동서로는
100km도 안 되는 길쭉한 나라입니다.
이런 특이한 지형 때문에 칠레는 같은 시간대에 4계절의 기후를
모두 가지고 있습니다. 북부에는 열대지후인 사막지대부터 시작
해서, 중부는 온대, 남쪽 끝에는 빙하지대인 한대기후입니다.

파이네 국립공원

"Hola~!" 세계일주를 출발하기 전, 북미와 남미의 자료 조사를 내가 담당했었기 때문에 남미 쪽은 나에게 익숙하고 매력이 많은 정겨운 곳으로 느껴졌습니다.

스페인이 중남미의 대부분 지역을 식민지로 지배했기 때문에 칠레에서도 예외 없이 스페인어를 사용합니다. 스페인어를 알고 있으면 중남미를 여행하는데 매우 도움이 될 것 같았습니다. 우리나라에서 들어볼 기회가 없었던 스페인어가 영어 다음으로 많은 나라에서 사용되고 있다는 것은 이번 세계일주를 통해서 알게 된 새로운 사실입니다.

아빠가 세계일주를 떠나기 전에 스페인어를 열심히 공부한 이유도 이제야 알 수 있었고, 나도 세계일주를 마치고 우리나라에 돌아가면 스페인어를 열심히 공부하겠다고 다짐했습니다.

우리나라와 밤낮, 계절 등이 정반대인 칠레의 수도 산티아고를 출발해서 우리가 도착한 곳은 칠레의 남쪽 끝에 있는 푸에르토 나탈레스라는 곳이었습니다.

사진에서만 보던 빙하를 보기 위해서였죠. 남미의 알프스라고 불리는 칠레의 상징 파이네 국립공원의 환상적인 대자연의 멋진 풍경은, 이틀 동안 버스에서 시달린 몸과 마음의 고생을 충분히 보상해 주고도 남았습니다.

우리 같이 파이네 국립공원의 자연 속으로 들어가 볼까요?

파이네 국립공원

안데스 산맥을 넘어가는 길

"Welcome to Torres del Paine!" (파이네 국립공원에 오신 걸 환영합니다!)

눈 덮인 3개의 봉우리와 빙하가 녹은 물이 만들어 내는 아름다운 폭포, 그 물이 모여서 연한 하늘색의 호수를 이룬 호수 안에는 알프스와 어깨를 겨룰 만큼 멋진 주변의 설산들이 잠겨 있었습니다.

맑고 파란 하늘에는 하얀 구름 몇 조각이 두둥실 떠갑니다.

"누나! 이곳은 유럽의 알프스보다 훨씬 더 아름다운 것 같아."

"공기도 맑고 시원한데."

"이곳은 우리와 계절이 반대라 10월에서 이듬해 3월까지가 여름이고, 그 때가 하이킹하기 가장 좋은 시기래. 지금이 11월 말이니까, 딱인데?"

걷는 것을 워낙 좋아하는 아빠는 여유가 있었으면 하이킹을 하는 건데 하고 아쉬워하는 표정입니다. 하이킹을 하려면 최소한 3~4일은 있어야 하거든요.

"우와, 저 산은 예술인데?"

"영화에 나오는 멋진 장면 같아."

온 가족이 흥분해서 저마다 감탄사를 연발합니다. 파이네 국립공원을 더욱 자세히 살펴보기 위해 빙하로 덮인 산 쪽으로 차를 타고 갔습니다.

빙산의 얼음이 녹아내리면서 곳곳에 폭포들이 장관을 이루고 있었습니다. 그 동안 빅토리아, 나이아가라 폭포에 익숙해 있던 우리는 "에게, 저게 무슨 폭포야."하며 웃었지만, 하얀 빙산과 파란 호수를 배경으로 한 폭포는 주

파이네 국립공원의 폭포

변의 자연경관과 어우러져 정말 아름다웠습니다.

"What's the name of this fall?"(이 폭포 이름이 무엇인가요?) 가이드에게 물었더니 "Paine fall." 파이네 국립공원에 있으니 당연히 "파이네 폭포"라며 대답합니다.

파이네 국립공원의 하이라이트는 뭐니 뭐니 해도 그레이 빙하와 그 앞에 있는 빙하 호수입니다. 그레이 빙하에서 떨어져 나온 희다 못해 영롱한 푸른 빛이 감도는 빙하들이 호수로 떠내려 와, 빙하 호수는 크고 작은 빙하들로 가득합니다.

수만 년 동안 얼어있던 빙하들이 이제 여기에서 수명을 다하는 셈이죠.

"누나! 빙하가 원래 하얀색이 아니었나?"

"넌 저게 하얀색으로 보이니? 이야, 진짜 푸르다."

"하긴. 백문이 불여일견이라더니 이걸 보고 하는 소리인 것 같군."

"어? 여기 빙하 조각이 떠내려 왔어!"

"엥? 이건 왜 또 투명하지?"

"그냥 투명한 게 아니야. 이 두께 좀 봐. 30cm정도나 되고, 정말 투명하

파이네 국립공원의
아름다운 호수

파이네 국립공원의 빙하

다. 이렇게 깨끗한 얼음은 처음 보는 걸."

"먹어도 되나?"

"음……, 먹어보지 뭐. 목말랐는데 잘됐다."

우리는 투명한 빙하를 오도독 소리를 내며 깨물어 먹었습니다.

수만 년 동안 얼어있던 빙하가 입 안에서 녹아드는 상쾌한 이 맛!

"엄마, 저쪽에서 이상한 소리가 나." 빙하의 호숫가 주위를 좋아라 뛰어다니던 현정이가 엄마에게 달려오더니 그레이 빙하 쪽을 손으로 가리키면서 말했습니다. 나도 잘 들어봤더니 진짜로 "구구구구구궁—" 하는 천둥소리가 났습니다.

"What is this sound? Thunder?"(이게 무슨 소리예요? 천둥소리인가요?) 가이드에게 묻자, "No, this is from glaciers breaking."(아니, 이 소리는 빙하가 깨져서 떨어져 나가는 소리야.)라고 웃으며 대답해 주었습니다.

지금은 여름이라 날씨가 따뜻해서 하루에도 수십 번씩 커다란 빙하가 떨어져 나온다고 합니다. 그 떨어져 나온 빙하 조각들이 호숫가로 계속해서 밀려오고 있었습니다.

자! 여러분, 저와 함께 한 파이네 국립공원, 어떠셨나요?

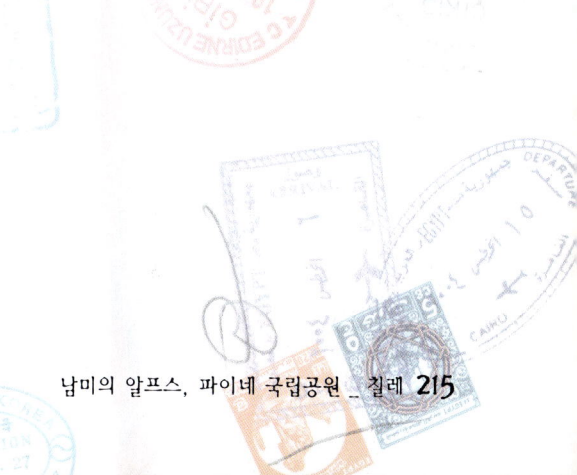

천지를 진동하는 굉음,
이과수 폭포 _ 아르헨티나

아르헨티나를 흔히 '남미 속의 유럽'이라고 하는데, 부에노스아이레스에 도착하고서 그 이유를 알았습니다. 길거리의 사람들, 건물의 모습, 시원하게 뚫린 도로 등 마치 유럽의 한 도시를 방문한 느낌이었으니까요. 아르헨티나 오기 전에 들렀던 남미의 에콰도르, 페루 등과는 스페인어를 사용하는 것 외에는 거의 공통점을 찾아 볼 수가 없었습니다.

● 위치 : 남아메리카 대륙 남동부
● 수도 : 부에노스아이레스(Buenos Aires)
● 언어 : 에스파냐어
● 면적 : 278만 92㎢
● 인구 : 4천 6만 명(2006년 추정)

아르헨티나-브라질 국경의
이과수 폭포

아르헨티나 부에노스아이레스에서 여행과 공연 일정을 마친 우리는 세계 최대의 폭포를 구경하기 위해 이과수로 향했습니다. 부에노스아이레스 버스터미널에서 오후 3시에 출발한 버스는 시원한 초원지대를 끝없이 달렸습니다. 저녁이 되자 달리는 버스 안에서 식사를 하는데, 소고기의 값이 싼 아르헨티나라서 그런지 소고기 스테이크가 한 사람당 두 장~! 우와! 비행기에서 먹는 기내식보다 더 푸짐합니다.

버스는 밤에도 쉬지 않고 18시간을 달려 아침 8시경에 이과수 폭포의 아르헨티나 국경지대인 푸에르토 이과수에 도착했습니다.

이과수 폭포는 아르헨티나와 브라질의 국경지역에 있습니다. 이과수뿐만 아니라, 우리가 세계일주를 하며 보았던 거대한 폭포들은 모두 두 나라의 국경을 접하고 있었습니다. 빅토리아 폭포는 잠비아와 짐바브웨의 국경에 있었고, 나이아가라 폭포는 미국과 캐나다의 국경에 있었습니다.

"아휴! 아침부터 왜 이리 덥지?" 버스 문을 열고 밖으로 나자가 후끈한 바람이 불어서 간밤에 버스에서 잠도 제대로 못 잔 나는 짜증이 났습니다.

"우리가 남쪽에서 적도 쪽으로 올라왔기 때문에 더 더운 거야. 그리고 이곳은 우리나라와 기후가 반대라서 오늘이 12월 2일이니까 이제 막 여름이 시작됐지." 아빠가 차근차근 설명을 해 주었습니다.

하지만 40도였던 인도의 뭄바이랑 56도를 육박했던 이집트 룩소르를 생각하니 충분히 견딜 수 있었습니다.

이과수 폭포는 지금까지 보았던 빅토리아나 나이아가라 폭포보다도 그 규모가 훨씬 컸습니다.

빅토리아 폭포가 박력있고, 나이아가라가 아름답다면, 이과수 폭포는 박력과 아름다움을 모두 가지고 있습니다. 이과수는 수십 개의 폭포로 이루어졌는데, 그 중에서도 가장 큰 '악마의 목구멍' 이라는 폭포 앞에 서니 거대한 물줄기가 세상의 모든 것을 삼켜버릴 듯이 곤두박질치고 있었습니다. 멍하니 보고 있으려니 마치 내 몸이 물속으로 빨려 들어가는 것 같아 어지럽습니

다. 세상의 모든 것을 빨아들인다는 우주의 블랙홀이 이런 모습이 아닐까 상상을 해 보았습니다.

국립공원 안에서는 미니 기차를 타고 여기저기 폭포들을 구경할 수 있었는데, 그 중 한 기차역에 넓은 공간과 많은 관광객들이 눈에 띄었습니다.

"우리 여기서 공연하고 갈까?"

아빠의 제안에 우리는 악기를 풀고 공연 준비를 했습니다. 마침 앞에 공원 관리인인 듯, 제복을 입은 아저씨가 보였습니다.

"We are from Korea and my family are sailing around the world, performing Samulnori, which is Korean traditional music." (우리는 한국에서 왔습니다. 우리 가족은 사물놀이를 연주하면서 세계 일주를 하고 있는 중입니다.) 가족 소개서를 내밀며 아빠가 말을 걸었습니다.

"Is it okay to perform our music here?" (여기서 공연해도 괜찮나요?) 아빠의 말에 제복을 입은 공원 관리인은 단호하게 고개를 좌우로 흔듭니다.

"No, you can't perform here, since it's the conservation area. Many wild animals live in this national park area and a loud noise will disturb them." (아니오, 안됩니다. 이곳은 자연보호 구역이고, 많은 야생동물들이 이 국립공원 내에 있습니다. 큰 소음은 야생동물들을 방해합니다.)

"O.K, I understand." (네, 무슨 말인지 잘 알았습니다.)

아빠는 관리인의 말을 충분히 이해한다는 듯 고개를 끄덕이며 악수를 나누었습니다.

이과수 폭포에서 가장 물살이 거친
악마의 목구멍

"여기서는 아무래도 공연을 할 수 없겠는데, 우리의 공연 때문에 이곳에
서식하는 수많은 야생동물들이 놀라면 안 되잖아. 그렇지?"

아빠의 얘기를 들으며 우리는 풀었던 악기들을 정리했습니다. 우리가 공
연을 하는 줄 알고 우리를 빙 둘러쌌던 관광객들이 못내 아쉬운 듯 자리를
뜨지 못합니다.

"If you really want to perform, you might want to ask the
national park office." (정 공연을 하고 싶으면, 국립공원 관리소에 가서
요청해 보세요.)

공원 관리인은 악기를 매고 가는 우리를 뒤따라오며, 미안한 듯 이야기했
습니다. 우리 주위를 둘러쌌던 관광객들도 우리를 따라 함께 공원 관리소로
향했습니다.

"You can't perform in the national park according to the
rule, but if you realy want to perform, I will give you the

permission to perform in office area only for once." (원칙적으로 국립공원 내에서는 공연을 할 수 없습니다. 하지만 정 원한다면, 이 관리소 안에서 딱 한 번 할 수 있습니다.)

우리와 함께 몰려 온 관광객들이 효과가 있었는지 관리소의 책임자가 공연할 수 있도록 허락해 주었습니다.

우리는 관리소 입구에 자리를 잡고 공연을 시작했습니다. 딱 한 번의 공연이라 흥겨운 영남사물놀이가 좋을 것 같았습니다. 우렁찬 사물놀이 악기 소리가 이과수 국립공원에 울려 퍼졌습니다. 우리를 둘러싼 관광객들이 흥겨워하는 모습을 보니 우리들도 더욱 신이 났습니다.

"Una mas! una mas! una mas!" (우나마스! 우나마스! 우나마스!) 공연이 끝나자 구경하던 사람들이 일제히 함성을 지르며 외쳤습니다. 'Una mas'는 스페인어로 'One more' (한 번 더)에 해당한다고 아빠가 말했습니다.

우리가 공원 관리 책임자에게 눈길을 보내자 관리 책임자도 우리의 공연이 흥겨웠는지 고개를 가볍게 끄덕입니다. 앵콜 공연은 더욱 신이 났습니다. 공연이 끝나고 우리는 관광객들과 일일이 악수를 나누며 가볍게 포옹을 했습니다.

"Wonderful! Fantastic!" 오른손 엄지손가락을 내보입니다.

"Muchas grasias!" (무차스 그라시아스!) 우리도 스페인어로 감사의 인사를 했습니다.

국립공원 사무소에서의 공연

공연 후 관중들과 함께

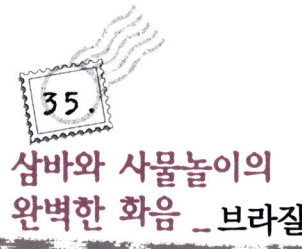

35.

삼바와 사물놀이의 완벽한 화음 _ 브라질

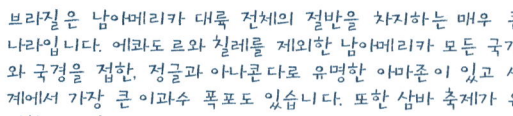

- ●위치 : 남아메리카
- ●수도 : 브라질리아(Brasilia)
- ●언어 : 포르투갈어
- ●면적 : 851만 4047㎢
- ●인구 : 1억 8천 808만 명(2006년 추정)

브라질은 남아메리카 대륙 전체의 절반을 차지하는 매우 큰 나라입니다. 에콰도르와 칠레를 제외한 남아메리카 모든 국가와 국경을 접한, 정글과 아나콘다로 유명한 아마존이 있고 세계에서 가장 큰 이과수 폭포도 있습니다. 또한 삼바 축제가 유명한 나라입니다.

세계 3대 미항 중 하나인 리오데자네이루

 **우**리는 삼바에 대해 좀 더 알고 싶어서 브라질 상파울로에 있는 삼바학교를 찾아갔습니다. "봄디아." (브라질 인사말) "Welcome to Camisa belzi samba school. Where are you from?" (환영합니다. 어디에서 왔어요?)

삼바학교 교장 선생님은 우리를 반갑게 맞아 주었습니다.

"We are from Korea, we are traveling all over the world and we are very interested in Samba. It's very interesting." (우리는 한국에서 왔고요, 여행 중인데 브라질 삼바에 대해 관심이 많아서 왔어요.)

"O.K. Follow me, I will show you around." (나를 따라와요. 안내해줄게요.)

교장 선생님을 따라 올라간 2층 사무실엔, 삼바 축제의 뜨거운 열기가 느껴지는 축제 때의 생생한 사진들이 크게 확대되어 벽마다 걸려 있었고, 축제의 수상 경력을 알 수 있는 커다란 트로피들이 전시되어 있었습니다.

"This way, please." (이쪽으로 오세요.)

누나와 나는 삼바 의상이 전시되어 있는 곳으로 이동을 했습니다. 깃털이

삼바 연주용 악기들

삼바 악기 연주모습

달린 화려한 의상을 보며 휘둥그레진 눈으로 누나는 나를 부릅니다.

"민수야, 이 날개 옷 좀 봐. 꽤 무겁겠는 걸."

"누나, 난 이걸 써보고 싶어. 써보면 안 될까?"

"조심해, 민수야. 떨어뜨리지 않게." 우리의 마음을 읽기라도 한 듯 좋은 인상을 가진 삼바학교 교장 선생님은 내가 들고 있던 연두색의 반짝거리는 모자를 씌워줍니다.

"우와, 생각보다 상당히 잘 어울리는데, 훌륭해."

"이 의상도 입어봐. 멋진 걸. 하하!"

교장 선생님이 건네준 의상을 받아 양 어깨 위에 얹는 넓은 쇠고리를 어깨 위에 얹으니, 영락없는 삼바 춤을 추는 아까 본 사진 속의 모습입니다.

"Please, try this slowly." (자, 이제 나를 천천히 따라해 보세요.)

"I don't know how to dance." (어떻게 추는 거예요?)

"발은 양 쪽으로 가볍게 벌리고, 엉덩이를 아주 빠르게 흔들며 스텝을 빠르게 옮기는 거예요."

긴 머리를 뒤로 묶은 여선생님의 시범을 따라하려고 발을 뚫어져라 쳐다보았지만, 빠른 발놀림을 따라하기가 쉽지 않았습니다. 자세를 곧게 세우고 발바닥을 거의 바닥에 붙여서 재빠르게 스텝을 밟습니다. 엉덩이는 두 템포에 4~8번을 흔들어야 합니다.

머리에 쓴 무거운 모자는 흔들거려 금방이라도 떨어질 것만 같은데 발이 자꾸만 꼬이자 누나는 배를 움켜쥐고 웃어댑니다.

얼마 후 브라질에서 열리는 큰 삼바축제에 참여하기 위해 삼바 악기를 연주하는 사람들이 삼바 학교로 모여들자 학교 안은 금방 활기가 돌기 시작했습니다.

누나는 삼바 악기가 있는 곳에서 처음 보는 악기를 살펴보고 있습니다. 누나는 손으로 만지작거리던 삼바 악기를 흔들며 소리를 내기 시작했습니다. 처음엔 자신이 없는지 작은 소리로 연주하더니 똑같이 따라하며 크게 소리 내면서 무척 신기해합니다.

삼바와 사물놀이의 완벽한 화음 _ 브라질 **225**

"Amazing! Have you ever performed this percussion instrument?" (오, 놀라운데! 연주해 본 적 있어요?) 연주자 중 한 사람이 놀라는 눈으로 누나를 보며 물었습니다.

"No. This is my first time." (아뇨. 처음인데요.)

"Excellent! Do you want to try to perform together?" (잘 하는데, 함께 연주해 볼까요?)

"My family perform Korean traditional music. I think it's going to be more exciting to perform with my family." (우리 가족은 한국전통음악을 연주하고 있어요. 우리 가족과 함께 연주하면 더 흥미있을 것 같은데요.) 누나가 사물놀이와 삼바를 같이 연주하자고 제안을 했습니다.

"Really? That sounds great!" (정말? 좋아요.)

이렇게 해서 사물놀이와 삼바의 연주가 시작되었습니다. 중앙 홀에는 많은 사람들이 삼바 춤을 연습하면서 신기한 듯 바라보다가 이내 열정적으로 몸을 흔들기 시작합니다. 삼바학교 교장 선생님이 앞장서자 갑자기 온 홀을 울리는 삼바와 사물놀이가 함께 한 퓨전 음악이 학교 내에 가득 찼습니다. 많은 사람들은 둥글게 원을 그리며 삼바 춤을 추기 시작 했습니다. 함성을 지르며 삼바 춤을 추는 사람들이 한꺼번에 움직이자 마치 건물이 흔들리는 것처럼 느껴집니다.

우리 가족은 삼바 뮤지션들과 하나가 되었습니다.

삼바와 사물놀이의 합주

삼바학교에서의 공연

키위? 키위! 키위. _ 뉴질랜드

뉴질랜드는 1907년 영국으로부터 독립했는데요, 그보다 훨씬
이전인 1642년에 네덜란드 사람이 처음으로 뉴질랜드에 상륙
했다고 합니다. 그 때 그들은 자신들의 고향인 네덜란드의 젤
란트처럼 멋진 곳이라는 뜻으로 '새로운 젤란트'라고 이름을
붙였다는군요. 뉴질랜드(New Zealand)는 여기서 나온 이름이
라고 합니다.

- 위치 : 남태평양, 남반구
- 수도 : 웰링턴(Wellington)
- 언어 : 영어, 마오리어
- 면적 : 27만 534km²
- 인구 : 413만 명(2005년 조사)

뉴질랜드의 수도 오클랜드

여러분! '키위' 하면 뭐가 떠오르나요? 남미에서 한 달 반 동안 공연과 여행을 마친 우리는 오세아니아 주에 있는 뉴질랜드를 찾았습니다.

바로 위에서 나온 키위라는 단어가 뉴질랜드와 매우 밀접한 관계가 있다는 것을 여러분은 아나요? 키위하면 아마도 대부분 껍질은 갈색이고 속은 연둣빛의 생각만 해도 입에 침이 고이는 새콤달콤한 과일 키위를 떠올릴 거예요. 뉴질랜드에 대해 알기 전에는 말이죠.

지금부터 제가 뉴질랜드와 키위의 비밀을 알려드리겠습니다.

뉴질랜드에는 세 가지의 키위가 있습니다. 첫 번째 키위는 뉴질랜드를 상징하는 새, 국조(國鳥) 키위새입니다. 키위새는 새의 일종이지만 날개가 퇴화해 날지 못하고, 움직임도 너무 느려 너구리같은 새인데 어두운 곳을 좋아합니다. 우리도 로토루아에 있는 레인보우스프링스라는 동식물원에서 키위가 움직이는 것을 보려고 어두운 굴속에서 한참을 들여다보며 기다려야 했으니까요.

"Why does Kiwi move so slowly?" (왜 키위는 그렇게 천천히 움직여요?)

가이드에게 물었더니 자세히 설명을 해 주었습니다. "키위새는 아주 오래 전부터 뉴질랜드 땅에서 살았다고 합니다. 처음에는 새처럼 날아다니고, 동작도 민첩했지만 뉴질랜드에서 키위새를 위협할만한 뱀 같은 천적이 없었기 때문에 키위새는 굳이 힘들게 날 필요가 없었고, 천천히 움직여도 얼마든지 먹이를 찾을 수 있었죠. 그래서 운동 신경은 점점 둔해졌고, 하루에 2/3를 자면서 보내는 게으름뱅이가 되어버렸답니다. 무려 자기 몸무게의 1/3이나 되는 알을 낳는데도 아무런 문제가 없습니다.

그 후 뉴질랜드가 유럽인들에게 알려지면서 유럽인들이 함께 데리고 온 개나 고양이의 먹이감으로 키위가 노출되게

레인보우 스프링스에 있는 키위새 모습의 조각품

로토부아의 베스하우스

로토루아 시내에 있는 펄펄 끓는 연못들

되었습니다. 키위새는 멸종되어 갔고 이제는 극히 일부분만 남아서 정부의 보호를 받아 종족을 보존하고 있습니다. 그러나 이미 스스로 새로운 자연 환경에서의 적응에 실패한 키위새가 앞으로도 계속 종족을 보존할 수 있을지는 아무도 모릅니다." 설명을 듣고 나니 느릿느릿 움직이는 키위새가 불쌍해 보였습니다.

두 번째 키위는, 우리가 잘 알고 있는 맛있는 키위죠. 키위는 뉴질랜드의 대표적인 특산물인데, 위에서 설명한 뉴질랜드를 상징하는 키위새와 닮았다고 해서 '키위 프루트(Kiwi fruit)'라는 이름이 붙여졌다고 합니다.

마지막 세 번째 키위는 뭐냐구요? 바로 마오리족을 포함한 유럽에서 이주한 뉴질랜드 사람들을 일컫는 말입니다. 처음에는 뉴질랜드의 백인들이 마오리족이나 이민족 사람들과 차별화하기 위하여 스스로를 키위라고 불렀는데 지금은 뉴질랜드 국민을 일컫는 말이 되었다고 합니다. 따라서 이 세 가지 키위는 모두 뉴질랜드의 특산품인 셈이죠.

"Now! I would like to introduce Maoris, they are New Zealand natives." (자! 이제 뉴질랜드의 원주민인 마오리족을 소개할게요.)

마오리족의 모습은 지금까지도 생생할 정도로 인상이 강하게 남아있습니다. "First, shall we follow their facial expression?" (우선 마오리족의 표정을 따라해 볼까요?)

눈을 크게 뜨고, 혀를 있는 힘껏 길게 내밀고 상대방을 위협하듯 큰 소리로 "우! 아!"하고 외치는 거예요. 마오리족은 방문자가 들어가자마자 이런 표정을 지으며 환영의식을 치르는데 우리도 처음에 마오리족 공연을 보다가

마오리족의 인사

마오리족 원주민의 공연

이런 표정의 마오리족을 보고는 깜짝 놀랐습니다.

왜 이렇게 무서운 표정을 짓느냐고요? 외부인이 출입하며 들어오는 나쁜 기운을 물리치기 위한 것이라네요.

로토루아에 있는 '와까레 와레와' 민속촌은 마오리족이 300여 년 동안 삶의 터전을 이루며 전통을 이어가고 있는 곳인데, 도시 곳곳에는 전통 문화의 모습을 엿볼 수 있는 공예품을 직접 만들어 전시와 판매를 하고 있었습니다.

공예품을 파는 마오리족 원주민이 다가오더니 "Kia ora!" (키요라!)라고 하며 인사를 건넸습니다. 처음에는 무슨 말인지 몰라 당황하며, "What does kia ora mean?" (키요라가 무슨 뜻이예요?)하고 물었더니, "It means good morning or how do you do." (안녕하세요, 처음 뵙겠습니다라는 뜻이예요.)라고 친절하게 그리고 영어로 또박또박 이야기해 줍니다.

마오리족 마을 회관에서는 민속공연이 시작되었는데, 마오리족의 역사, 사랑, 전쟁 등을 아름다운 춤으로 표현하고 있었습니다.

처음에는 마오리족이 무섭고, 이상한 사람들 같다고 생각했는데, 알고 보니 순수한 마음을 가진 원주민이었습니다.

아참! 그리고 마오리족 공연에서 '연가' 라는 노래를 부르는데, 바로 이 연가가 뉴질랜드 민요라는 사실도 알게 되었습니다.

뉴질랜드에 도착하자마자 많은 것들을 배울 수 있어서 정말 뿌듯했습니다.

민정

전통 공예품을 만드는 마오리족들

마오리족이 만든 전통 조각품

한여름의 크리스마스 _오스트레일리아

오스트레일리아가 영국이 죄수들을 귀향 보냈던 귀향지라는 사실을 알고 있나요? 마치 우리나라 조선시대 때 제주도가 귀향지였던 것처럼 말이죠. 영국은 미국독립전쟁의 여파로 더 이상 미국을 죄수들의 귀향지로 사용할 수 없게 되자 오스트레일리아를 택했다고 하네요. 즉, 오늘날 오스트레일리아 사람의 상당수는 영국 죄수들의 후손이 되는 셈이죠.

● 위치 : 오스트레일리아 대륙
● 수도 : 캔버라(Canberra)
● 언어 : 영어
● 면적 : 769만 2208㎢
● 인구 : 2천 56만 명(2006년 추정)

시드니의 명물 오페라 하우스

시드니의 또 다른 명물 하버 브리지

 **뉴**질랜드를 거쳐 우리 가족은 드디어 세계일주의 마지막 나라인 오스트레일리아의 시드니에 도착했습니다. 때는 12월 20일, 우리나라에서는 겨울이 깊어가고 있겠지만 이곳은 여름이 한창입니다.

"우와~ 예쁘다!" 시드니 항구의 오페라 하우스를 보고 현정이가 소리쳤습니다.

"이게 그 사진 속에서만 보던, 그 유명한……" 내가 순간 기억해내지 못하자 옆에 있던 민수가 "오페라 하우스!"라고 마무리를 해 줍니다. 역시 민수야!

"우와, 눈부셔! 진짜 조개 같기도 하고 오렌지를 형상화한 것 같기도 하네." 내가 다시 한번 감탄을 하자 옆에 있던 민수가 "어! 근데 옆에서 보니까 사진에서 본 거랑 다르다. 건물이 띄엄띄엄 떨어져 있네."라며 중요한 것을 발견한 듯 신기해합니다.

오페라 하우스를 처음 보던 날, 나는 새하얗고 빛나는 오페라 하우스의 멋진 모습에 말문이 막혀버렸습니다. 처음엔 조개 같은 예쁜 모습에 반했고, 앞으로 다가갈수록 드러나는 새하얀 대리석을 촘촘히 붙여놓은 그 정교함에 또 한번 놀라버렸습니다.

다른 각도에서 보려고 한참 동안 걸어가니, 지금까지 사진에서 보아왔던 조개 모양이 아닌 또 다른 모습이 나타났습니다. 서로 붙어 있는 것이 아니라 건물 하나하나가 떨어진 모습이 짜잔~!

삭노에 따라 날라시는 오페라 하우스의 모습에 입을 다물 수가 없었습니다. 오페라 하우스는 접시 위에 오렌지를 잘라놓은 모습에서 착안해서 건축했다고 합니다.

"누나 그런 식상한 포즈 말고, 다른 거 없어?" 지금까지도 몇 번의 포즈를 취했는데 민수가 아까부터 계속 다른 포즈를 주문합니다.

"어떻게? 아, 그렇지! 오렌지니까, 손으로 잡고 먹는 포즈를 하라고." 나는 그제야 한 손으로 오페라 하우스를 쥐듯 오므리고 입을 '아~' 벌렸더니, "누나! 바로 그거야!" 민수가 재빨리 카메라 셔터를 눌렀습니다.

가까이에서 본
오페라 하우스

좋은 사진을 찍기 위해 해변을 돌아서, 오페라 하우스와 하버 브리지의 전경이 보이는 곳에서 사진을 찍는 외국인의 익살맞은 포즈를 보며 한참을 웃었습니다.

호주를 여행하다 보면 왕립 식물원처럼 앞에 '왕립' 글자가 붙은 장소가 많은데, 아빠께 물었더니 "호주는 영국 연방 중 하나인데 형식적으로는 아직도 영국의 여왕을 국가 원수로 하고 있지. 그래서 왕립이라고 쓰인 곳을 많이 볼 수 있는 거야. 그리고 왕립이라는 것은 왕의 재산이라는 의미도 되지."라고 이유를 설명해 주셨습니다.

오페라 하우스가 있는 항구 앞의 왕립 식물원에는 아름드리나무와 희귀한 새 등 많은 동식물들이 서식하고 있으며 많은 시민들의 휴식처입니다. 시드니의 땡볕은 매우 위험해서 피부암을 일으키기도 하는데 우리는 땡볕을 피해 잠시 나무 그늘에서 쉬었습니다.

여러분! '호주' 하면 가장 먼저 떠오르는 게 무엇일까요? 그렇죠! 바로 캥거루입니다. 코알라도 유명하다고요? 맞습니다. 하지만 이제 코알라는 동물원이 아닌 이상 도시에서는 볼 수 없다고 합니다. 시드니에서 조금만 북쪽으로 가면 블루마운틴이라는 호주의 '그랜드 캐니언' 이라고도 불리는 움푹한 지형의 웅장한 자연경관을 갖춘 산이 있습니다.

바로 그 블루마운틴으로 가는 길에 우리는 캥거루를 만났습니다. 동물원에 있는 캥거루가 아닌 야생 캥거루를 바로 앞에서 보다니 너무나 신기했습

이렇게 다가가도 도망치지 않는다.

격투중인 캥거루 두마리

니다.

옆에 있는 캥거루들은 아까부터 마치 권투를 하듯 앞발로 차며 티격태격 싸웁니다. 그러다 한 마리가 뒷발을 높이 들더니 상대방에게 한 방 먹입니다. 이렇게 싸우는 모습을 오랫동안 지켜보는 것도 무척 재미있었는데, 싸움에 열중하느라 사람들이 다가가도 꼼짝도 하지 않습니다.

아니! 싸움 때문이 아니라, 원래 사람을 무서워하지 않는지도 모르죠.

호주에서 보낸 한여름의 크리스마스는 비가 내리고 바람도 많이 불었습니다.

거리의 악사들은 캐롤을 연주하고 있고 이곳저곳에 산타모형들이 걸려 있었습니다. 더운데도 털모자를 쓰고 있는 산타를 보니 더욱 덥게 느껴집니다.

산책을 마치고 돌아와 숙소의 여행객 30여 명과 함께 크리스마스 음악회를 열었습니다. 물론 우리의 사물놀이 공연이었죠.

세계 각국에서 온 언니와 오빠들이 "Wonderful! Very good!"을 외치면서 우리 공연을 즐겼습니다. 민수와 나도 그들과 함께 어울려 크리스마스 축제를 즐겼습니다.

이제 우리의 세계일주도 막바지에 다다랐습니다. 내일모레면 그렇게 그리던 한국으로 돌아갑니다. 일 년 동안 이렇게 여행만 하다가 집에 갈 생각을 하니, 많이 설레기도 하고. 아쉽기도 합니다. 솔직히 중간에는 얼른 집에 가고 싶었는데, 지금은 집에 가기가 싫은 거 있죠. 세계일주의 마지막 밤은, 여느 때와 마찬가지로 조용히 우리의 지난 기억을 더듬으며 흘러갑니다.

크리스마스
사물놀이 연주회

관객은 같은 숙소에 있는 숙박객들

"민정아, 민수야! 우리 세계일주 갈까?"

지금으로부터 6년 전, 그러니까 민수가 지금 현정이만 했을 때, 아빠가 회사에서 퇴근하자마자 장난기 가득한 목소리로 피아노 앞에 앉아있던 너희들에게 말을 건넸을 때, "그럼 우리들 학교는 어떻게 하고?"라며 눈이 동그래졌던 너희 모습이 지금도 눈앞에 선하다.

그 후 6년이라는 세월은 우리 가족에게는 너무나 큰 변화의 시기였지. 가족 사물놀이를 시작했고, 세계일주 준비와 출발, 그리고 귀국 후의 새로운 환경에의 적응…….

아빠와 엄마가 결혼한 지 올해로 20년이 됐지만, 지난 6년 동안의 변화는 그 이전의 두 배가 넘는 기간 중에 일어났던 변화보다 훨씬 컸던 것 같구나. 그 변화에는 비온 후에 죽순 자라듯 쑥쑥 자랐던 너희들의 키도 한 몫 했지.

자신이 맡은 나라의 정보를 얻느라 밤늦게까지 인터넷에서 자료를 찾아내어 파워포인트로 만들던 민수, 자신의 미적 감각을 자랑하며 유럽 여러 나라들의 정보를 이것저것 오려붙이며 스크랩하던 민정.

2년여의 준비 끝에 우리는 10여 개월 동안 세계일주에 나서서, 배낭에 사물놀이 악기를 매고 세계의 곳곳을 누비고 다녔지. 여행이 지루하고 힘들어질 때면 이름 모를 광장에 둘러앉아 신나게 풍물을 연주하고 나면 몸과 마음은 어느새 활력을 되찾았고, 우리를 둘러싼 이국인들의 신비로운 눈빛을 즐겼지.

민정아! 생각나니? 킬리만자로. 아빠와 엄마는 지금도 킬리만자로를 생각하면 눈가가 촉촉해진단다. 세계일주 전에는 노래의 제목으로만 존재했던 킬리만자로가 이제는 단순한 산 이상의 가슴 뭉클한 그 무엇이 되어 우리 가슴에 남아 있구나.

민정아! 들리니? 수줍은 듯 "까르르" 웃던 네 또래의 멕시코 고등학생들의 웃음소리. 네 생일날 싱싱한 젊음을 발산하던 그들의 우렁찬 함성소리.

민수야! 기억하니? 아프리카 보츠와나에서 공연을 마치고 벅찬 가슴에 잠못 이루었던 밤.

5일 동안 정들었던 보츠와나 교민들과 헤어지기 아쉬워서 가보로네 기차역에서 한참을 부둥켜안고 울었었지.

민수야! 보이니? 세렝게티 초원과 응고롱고로의 밤하늘에 쏟아지던 별들. "아! 이래서 성운(星雲)이라고 하는구나." 라며 아빠가 소리쳤었지.

구름 한 점 없는 쪽빛 하늘. 빅토리아 폭포수는 하얀 뭉게구름을 만들어서 하늘로 올려 보냈고, 밤에 보았던 나이아가라 폭포의 황홀한 모습, 그리고 세상의 모든 것을 삼켜버릴 듯 으르렁거리던 이과수 폭포의 악마의 목구멍. 자연이 얼마나 아름다울 수 있는지를 보여준 칠레의 파이네 국립공원…….

오랜 기다림 후에 드디어 너희들의 책이 나왔구나. 학교 공부하랴, 책 원고 쓰랴, 밤늦게까지 컴퓨터 앞에서 씨름하던 너희들의 모습이 아직도 눈앞에 어른거린다. 엄마, 아빠는 너희들의 책이 출간되는 것을 보면서, 마음속에 품은 간절한 꿈은 반드시 이루어진다는 법칙을 다시 한번 확인할 수 있었단다. 3년 전 우리 가족이 세계일주를 떠난 것과, 1년 전 우리가족이 여행기를 낸 것처럼 말이다. 너희들의 원고를 읽고 있으려니 다시 한번 세계일주를 하던 기분 속으로 자꾸만 빠져드는구나.

우리가 세계일주를 하고 온 지도 벌써 3년이 다 돼가는구나. 그 동안 너희들은 키도 자랐고, 생각도 많이 자랐지. 항상 밝은 모습으로 이웃에게 즐거움을 전파하는 너희들을 보고 있노라면 엄마 아빠도 전염이 돼서 늘 행복해진단다. 또한 무엇보다도 감사한 것은 너희들이 사물놀이 공연 봉사활동에 기쁘게 참여하면서 어려운 이웃들과 함께 하려는 값진 생각들이다.

이제 너희들은 무한한 꿈을 펼칠 때이구나.

그 꿈을 펼치는데 세계일주의 경험이 한 몫 하겠지? 그 소중한 경험들을 친구들과 나눌 수 있다면 더욱 좋겠구나. 이 책이 그런 역할을 하리라 생각한다.

엄마와 아빠는 평생을 간직할 소중한 경험을 너희들과 함께 할 수 있어서 너무 기뻤단다.

민정이와 민수를 사랑하는 엄마, 아빠가.